w

Thomas Bauer

2500 Kilometer zu Fuß durch Europa

Auf Jakobswegen vom Bodensee zum „Ende der Welt"

Wiesenburg Verlag

Bibliographische Information Der Deutschen Nationalbibliothek:

Die Deutsche Nationalbibliothek verzeichnet diese Publikation
in der Deutschen Nationalbibliographie;
detaillierte bibliographische Daten sind im Internet
über http://dnb.ddb.de abrufbar.

3. Auflage 2007
Wiesenburg Verlag
Postfach 4410, 97412 Schweinfurt
www.wiesenburgverlag.de

Alle Rechte beim Verlag
Abbildungen: Thomas Bauer
Druck: PBtisk, s.r.o., CZ-Příbram

ISBN 978-3-937101-86-6

Inhaltsverzeichnis

Schweiz

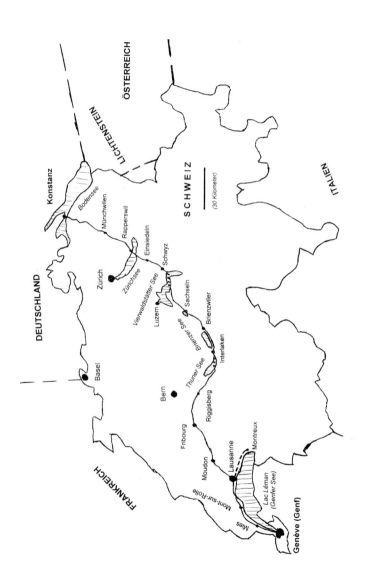

Vom Bodensee nach Fribourg

„Man könnte auf Sie schießen!"

In Konstanz beginnt mein Abenteuer. Meine Studienstadt am Bodensee, direkt an der Schweizer Grenze gelegen, erscheint mir als optimaler Ausgangspunkt für meinen Fußmarsch nach Santiago. Sie liegt direkt auf dem Jakobsweg und ist in eine abwechslungsreiche Landschaft eingebettet, die dafür sorgen wird, dass ich mich langsam von einer mir vertrauten Umgebung löse und in unbekannte Gebiete vorstoßen werde. Noch weiß ich nicht, ob ich tatsächlich die vor mir liegenden etwa 2.500 Kilometer bis zur galizischen Westküste durchhalten werde und was mich unterwegs erwarten wird. Ich habe nichts geplant und wenig vorbereitet. In meinem Wanderrucksack befinden sich neben der nötigsten Kleidung mehrere Liter Wasser, ein Schweizer Taschenmesser, mein Fotoapparat, Reiseführer und Wanderkarten, Papier und Kugelschreiber für Notizen und ein Mobiltelefon, das ich nur auf Drängen meiner Eltern mitnehme. Erst später werde ich lernen, was davon unentbehrlich ist und auf was ich verzichten kann. Als ich aufbreche, wiegt mein Rucksack 15 Kilogramm; außerdem habe ich zwei alte Skistöcke dabei, die ich vor mehreren Jahren für drei Mark auf einem Flohmarkt gekauft habe. An Santiago denke ich heute nicht; im Grunde genommen will ich nur loslaufen, die Routine gegen eine Zeit ohne Verpflichtungen, ohne Termine und ohne Vorgaben eintauschen, mich Schritt für Schritt von meinem bisherigen Alltag lösen, und vielleicht setze ich mich auch in Marsch, um mir selbst etwas zu beweisen. Erst nach Wochen werde ich merken, dass dieser Weg mehr ist als eine beliebige Wanderstrecke.

Der Jakobsweg erzählt Geheimnisse, die dafür sorgen, dass man mitten im Leben plötzlich beginnt, nachzudenken. Er bringt uns dazu, dass wir, wenn wir meinen, bereits auf der Zielgeraden zu sein, den Weg plötzlich als Sackgasse erkennen, während ein bisher kaum beachteter Pfad zum Ziel führt. Er beeinflusst unsere Entscheidungen und sorgt dafür, dass wir uns selbst neu und anders kennen lernen, indem er verborgene Aspekte in uns wachruft. Vor allem aber sät er Ruhe in uns aus.

Von alldem wusste ich nichts. Den Schweizer Zollbeamten erzähle ich, dass ich hier in der Gegend ein bisschen wandern will. Als ich die Grenze hinter mir lasse und den ersten dunkelbraunen Wegweiser Richtung Santiago entdecke, überkommt mich zum ersten Mal ein euphorisches Gefühl: Jetzt also hat meine bisher längste Reise begonnen, und vor mir erstreckt sich die sonnenverwöhnte Landschaft der Schweiz wie ein Willkommensgruß.

Über ‚s'Hörnli' nach Rapperswil

Durch einsame Wälder und vorbei an verlassenen Gehöften führt mich der Jakobsweg bis in die Ortschaft Münchwilen. Dort angekommen gehe ich schnurstracks auf das zentral gelegene Hotel zu – eine Angewohnheit, auf die ich im weiteren Verlauf meiner Reise klugerweise verzichten werde. Ich lehne das freundliche Übernachtungsangebot für 125 Franken ab und mache mich auf den Weg in den Nachbarort, als ich am Ortsausgang eine erste und für den weiteren Weg typische Begegnung mache.

Am Ortsausgang von Münchwilen komme ich an einem kleinen Garten vorbei, in dem eine etwa 40-jährige Frau Unkraut jätet. Wir sprechen zunächst über Frankreich und die Schweiz, anschließend über Bücher und Musik, und nach einiger Zeit schlägt sie mir vor, die Nacht in ihrem ‚bescheidenen Gästezimmer' zu verbringen. Letzteres stellt sich als geräumiger Raum mit Dusche und WC heraus, in dem ein mit rotem Samt überzogenes Doppelbett steht, das locker mit dem 125-Franken-Angebot des lokalen Hotels mithalten kann. Die Gerüchte über den Reichtum der Schweizer scheinen nicht übertrieben zu sein, denke ich am Ende meines ersten Tages als Pilger. Ich bin mir ziemlich sicher, dass meine Beine noch da sind, auch wenn ich sie nicht mehr spüre.

Am nächsten Morgen lerne ich weitere Eigenarten der Schweiz kennen. Nach einem reichhaltigen Frühstück und dem Versprechen, ihr zu schreiben, verlasse ich meine großzügige Gastgeberin und mache mich auf die zweite Etappe, die mich heute in das schöne Städtchen Rapperswil führen soll. Eine leicht zu bewältigende, etwa 30 Kilometer lange Strecke, optimal für meine ersten Tage unterwegs, denke ich nach einem Blick in meinen Reiseführer, der jedoch einen entscheidenden Nachteil aufweist: Er vermerkt keinerlei Höhenangaben. Süffisant bemerken zwei mir entgegen kommende Wanderer, dass der Weg nach Rapperswil „über s'Hörnli" führt, einen 1.133 Meter hohen, mit Raureif bedeckten Berg, auf dessen Spitze ich den Kanton Thurgau verlassen werde. Beim Aufstieg wird der Jakobsweg zu einem kleinen Waldpfad, der sich spiralförmig bergauf schlängelt. Je höher ich steige, desto leiser werden die Geräusche von den unten verlaufenden Straßen. Die Luft wird mit jedem Schritt klarer und kälter, bis ich das Gefühl habe, der menschlichen Zivilisation entkommen und stattdessen in eine stille, friedliche Welt geraten zu sein, die von würzigen Düften nach Kiefernadeln und Tannenzapfen erfüllt und von weiten Aussichten in ferne Täler geprägt ist. Kurz vor dem Gipfel überquere ich eine mit Felsbrocken übersäte Hochebene, auf der ich plötzlich zwei Rehe entdecke, die mit unglaublicher Sicherheit in großen Sprüngen talwärts fliehen. Schmetterlinge wedeln vor meiner Nase herum, und für kurze Zeit fühle ich mich in einen dieser kitschig-romantischen Zeichentrickfilme von Walt Disney versetzt, in denen sich haufenweise Tiere auf saftigen Wiesen tummeln, im Hintergrund liebliche Flötenmusik ertönt und alles irgendwie seine Ordnung hat. Versteht mich nicht falsch, Leute, ich verfüge durchaus über einen ausgeprägten Realitätssinn und bin in der Lage, Märchen von meinem eigenen Leben zu trennen. Aber an jenem Tag tischte mir die Natur ein so reichhaltiges Büffet an Farben, Gerüchen und Stimmungen auf, dass ich mich hemmungslos daran satt gegessen habe. Nachdem ich das Thurgau verlassen habe, steige ich bedächtig nach Rapperswil hinab, wo ich ein Zimmer in der Jugendherberge ergattere und meine ersten Notizen per E-Mail digital nach Hause schicke. Die Zivilisation hat mich wieder.

Über Flüeli-Ranft nach Sachseln

Man bekommt Respekt vor den Einzelheiten. Man merkt, dass auf einem Kilometer, den man ansonsten achtlos mit dem Auto abfährt, allerhand geboten ist. Und man fühlt, dass die üppigen Wiesen, der Pulverschnee auf den Bergspitzen, die träge dahin treibenden Wolken und die fernen Geräusche der nächsten Ortschaft nicht nur üppige Wiesen, Pulverschnee, träge dahin treibende Wolken und die fernen Geräusche der nächsten Ortschaft sind, sondern zusammengefügt eine Stimmung ergeben, die dafür sorgt, dass man mit entschlosseneren Schritten vorwärts geht.

Auch heute geht es wieder auf und ab, wobei der Abstieg immer belastender ist als der Aufstieg, vor allem für die Knie und die Fußsohlen. Nach dem Ortsausgang von Rapperswil gehe ich den Seedamm nach Hurden entlang, der auf 233 Eichenpfählen gebaut und mit knapp einem Kilometer die längste Holzbrücke der Schweiz ist. Kurz darauf erreiche ich den Wallfahrtsort Einsiedeln. Hierher zog sich im Jahr 835 der Mönch Meinrad in den ‚finstern Wald' zurück. Jahrzehnte später wurde ein Benediktinerkloster errichtet, das die nach dem

Vorbild Meinrads lebenden christlichen Eremiten zu einer klösterlichen Gemeinschaft zusammenbrachte. Wider Erwarten treffe ich in Einsiedeln keine Pilger, dafür begleitet mich knapp zwei Stunden lang eine 35-jährige Hundebesitzerin, die ihren Rottweiler mühsam an der Leine hält. Zum ersten Mal seit meinem Aufbruch vom Bodensee wandere ich nicht allein. Von Einsiedeln aus marschiere ich anschließend über den knapp 1.500 Meter hohen Hagenegg-Pass hinunter nach Schwyz (516m), das wie in einem Bilderbuch, umrahmt von schneebedeckten Bergen, an der Ostküste des Vierwaldstätter Sees liegt.

Von der nahe gelegenen Ortschaft Brunnen aus setze ich per Schiff über den Vierwaldstätter See, um den Weg in Buochs fortzusetzen. Es ist das einzige Mal, dass ich auf dem Jakobsweg anders als zu Fuß vorwärts komme. Trotzdem bleibe ich in Einklang mit der Pilgertradition, da seit jeher per Floß oder Boot über den Vierwaldstätter See gesetzt wird, um eine Umrundung des östlichen Nebenarms dieses Gewässers zu vermeiden. Auf der Überfahrt unterhalte ich mich mit einem Professor aus Winterthur, der ganz aus dem Häuschen gerät, als ich ihm von meinem Vorhaben erzähle, „und das in Ihrem jungen Alter!". Über Stans und das Touristennest Flüeli-Ranft schlage ich mich bis Sachseln durch.

Blasen, Muskelkater und zwei Skistöcke

Ich muss gestehen, dass diese ersten vier Tage alles andere als einfach sind: Ich habe Muskelkater in Waden und Oberschenkeln, zwei Blasen an der linken Ferse und manchmal Schmerzen beim Aufsetzen des rechten Fußes. Aber ich beginne zu lernen, ziehe drei Paar Socken übereinander an, um weicher zu gehen und reduziere das Gewicht meines Rucksacks, indem ich einen Großteil meiner Kleidung per Post nach Hause schicke. Meine beiden Skistöcke leisten mir eine unentbehrliche Hilfe: Bei den Aufstiegen sorgen sie für den nötigen Schwung, bei den Abstiegen wird dank ihnen ein Teil der Belastung von den Beinen auf die Arme verlagert, und in der Ebene federn sie meine Schritte ab, was mir als willkommener Nebeneffekt sogar dann noch einen eleganten, schwungvollen Anschein verleiht, wenn ich in Wahrheit bereits aus dem vorletzten Loch pfeife. Allerdings habe ich mich unterwegs manchmal gefragt, ob die Erfindung des aufrechten Gangs wirklich eine Glanzstunde der Evolution war: Während sich die meisten Tiere beim Fortkommen auf vier Gliedmaßen stützen können, benötige ich hierfür zwei Krücken.

Bereits am nächsten Morgen sind die Schmerzen verschwunden, und im Vergleich zu den vergangenen Tagen ist das heute eine beschauliche Wanderung. Etwa 25 Kilometer weit laufe ich um den Lungerersee herum, erklimme den Brünig und verlasse kurz darauf den Kanton Obwalden, um ins Berner Oberland zu kommen. Den ganzen Tag jagen kleine Wolken der Sonne hinterher. Heute scheine ich meinen Rhythmus gefunden zu haben. Wie automatisch laufe ich vorwärts und habe in Brienzwiler, wo ich in einer alten Scheune auf einem riesigen Strohhaufen übernachte, noch gute Lust, weiterzugehen. Erstaunlich, wie schnell sich der menschliche Körper fremden Gegebenheiten anpasst. Die Inuit im Norden Grönlands fangen bei 0°C an zu schwitzen, die Bergvölker Ecuadors steigen ohne Anzeichen von Ermüdung auf 5.000 Meter Höhe, und mein Körper hat sich in fünf Tagen daran gewöhnt, acht bis zwölf Stunden täglich zu gehen. Vielleicht liegt die schnelle Anpassung in meinem Fall allerdings auch daran, dass meine Lebensweise unterwegs natürlicher ist als zu Hause.

Der menschliche Körper ist nicht dazu gemacht, acht Stunden pro Tag in gebeugter Haltung vor einem Bildschirm zu kauern. Er ist zur Bewegung, zum Vorwärtsgehen geschaffen. Dabei ist das Gehen anatomisch gesehen eine komplexe Handlung, an der etwa 200 Muskeln beteiligt sind. Gerade wir ‚Westler' können dadurch von Neuem das Prinzip der Entschleunigung lernen: Die Langsamkeit des Gehens hat eine erdende Wirkung; es vereinfacht und reinigt die Gedanken, so dass man sich Neuem zuwenden kann. Viele heutige Pilger lernen, sich auf kleine, aber essentielle Dinge zu konzentrieren und das glitzernde Beiwerk, das vor kurzem noch so wichtig erschien, zu ignorieren. Der Jakobsweg bringt etwas in Bewegung, aber gleichzeitig bedeutet er auch Besinnung und Anhalten, Neuanfang. Das Gehen wird so zu einer Art Meditation, und das Loslassen von Erwartungen führt zu mehr Gelassenheit. Man lernt, dem Leben zu vertrauen.

Als ich auf dem Weg von Brienzwiler nach Interlaken um die Südseite des Brienzer Sees wandere und die immer neuen Ausblicke auf das glitzernde Wasser und die gegenüberliegende Gebirgskette genieße, wird mir klar, dass ich selten zufriedener mit der Welt und meinem Platz darin war, obwohl – oder vielleicht gerade weil – ich auf fast alle Annehmlichkeiten der zivilisierten Welt verzichte: keine Straßen, keine Autos, kein weiches Sofa, kein Fernseher, keine Zeitung, ich fühle mich gut.

Gwatt, ein Name wie ein Schluckauf

Am nächsten Morgen wähle ich von Spiez aus eine landschaftlich reizvollere Variante des Jakobswegs, die mich zu dem Dörfchen Gwatt bringt. Ein Name wie ein Schluckauf, aber hier finde ich wieder auf den ursprünglichen Weg. Entschlossen treibe ich mich vorwärts und durchquere eine kilometerlange, fast menschenleere Hochebene, in der vereinzelt ein paar Häuser wie aus Versehen in die Landschaft gesetzt sind. Wie durch einen Schleier hindurch dringen Geräusche zu mir: Hundegebell, Wortfetzen, Wind, der durch Baumkronen streicht. Langsam reift ein Gefühl der Unwirklichkeit in mir heran, als sei dies eine aus der Zeit gefallene Gegend, ein Niemandsland, das Gott, als er Raum und Zeit schuf, übersehen haben musste. Menschliche Maßstäbe scheinen hier nicht zu gelten, und es würde mich nicht wundern, wenn ich in diesem einsamen Landstrich Wesen begegnen würde, die bisher noch keinen Kontakt zur Zivilisation gehabt haben. Im Nachhinein waren diese so seltsam anmutenden Stunden ein netter Spaziergang verglichen mit dem, was mich bei der Überquerung der Pyrenäen erwarten wird. Trotzdem bin ich froh, als um halb acht Uhr abends kurz vor Riggisberg die Umrisse eines Bauernhofs erscheinen, vor dem ein Pappschild mit der krakeligen Aufschrift ‚Jakobspilger willkommen!' prangt. Und tatsächlich treffe ich hier auf ein übermenschliches Wesen, so kommt es mir jedenfalls nach der heutigen Anstrengung vor: Ein Engel in Form der etwa 45-jährigen Gutsbesitzerin bereitet mir einen rührenden Empfang inklusive eines Ringelblumen-Fußbads, das mir, zusammen mit dem herzhaftdeftigen Abendessen, meine Kräfte so schnell zurück gibt, dass ich am nächsten Morgen putzmunter und voller Energie aus den Federn steige. Besser gesagt, aus den Strohfasern, denn auch diese Nacht verbringe ich in einem Heuhaufen, im Obergeschoss eines Stalls. Den Raum teile ich mit einem Dutzend Kühe und dem Hofhund – und sicherlich habe ich viele weitere Zimmergenossen, denn in meinem Strohhaufen raschelt es mitunter ganz gewaltig, als ob ganze Mäusekompanien auf der Suche nach Essbarem unterwegs seien. Nach einer Woche Jakobsweg bin ich jedoch abgehärtet genug, um dennoch eine erholsame Nacht zu verbringen.

Ankunft in Fribourg

40 Kilometer fehlen noch bis zu meinem ersten großen Etappenziel, der Stadt Fribourg, in der ich einen Tag Pause machen werde. Ich bin überrascht, wie gut es heute vorwärts geht. Bereits kurz nach drei Uhr komme ich in Tafers an, das kurz vor Fribourg liegt. Als im dortigen Café auch noch *imitation of life* von REM ertönt, ist mein Glück perfekt. Das verbleibende Stück zwischen Tafers und Fribourg wird der interessanteste Abschnitt meiner Reise durch die Schweiz. Direkt nach dem Ortsausgang von Tafers mache ich die Bekanntschaft eines Rottweilers, der mir unzweideutig sein Missfallen daran zeigt, dass ein Jakobspilger mit orangefarbenem Rucksack und zwei verbogenen Skistöcken auf seinem Weg entlang spaziert. „Keine Sorge, der macht nichts!", ruft sein Herrchen, verkrampft lächelnd, mir zu, während sein Köter versucht, die ihn haltende Leine durchzubeißen. Noch nach fünfzig Metern fletscht er – also der Rottweiler, nicht das Herrchen – die Zähne, wenn ich mich umdrehe. Dabei habe ich bisher immer gute Erfahrungen mit Hunden gemacht: Mit allen Arten habe ich unterwegs Freundschaft geschlossen, von einer bewegungsunwilligen Dogge über Mischlinge in

allen Farbzusammensetzungen bis zu einem Pekinesen, den ich anfangs für eine Katze gehalten habe.

Wenige Schritte später, kurz nach meiner Ankunft im Kanton Fribourg, tritt mir ein uniformierter Soldat entgegen und murmelt etwas von einem Armeestützpunkt. Er spricht einen Dialekt, bei dem vermutlich selbst eingefleischte Schweizer Hinterwäldler ihre Schwierigkeiten hätten, und der von ‚–lis' und ‚cchhs' nur so wimmelt. Außerdem betont er grundsätzlich alle Worte auf der ersten Silbe. Dafür versucht er, das Eis zwischen uns zu brechen, indem er lustige Bemerkungen fallen lässt, die seiner Meinung nach sogar ein Deutscher verstehen kann, der so verrückt ist, freiwillig durch die ganze Schweiz zu laufen. Unser Gespräch verlief etwa so:

Soldat: „Halt! Jo grüezi was machts em fünfi herrausse, waans na Fribourg?"
Pilger: „Ähm, was bitte?"
Soldat: *[grinst]* „Ah, skümmets nüüt uss drr Schwüüz?"
Pilger: „Nein, ich bin kein Schweizer. Ich komme aus Konstanz und bin auf dem Jakobsweg."
Soldat: *[man sieht ihm an, dass er beginnt, an meiner Zurechnungsfähigkeit zu zweifeln]* „On süüns vom Bodensee *[er sagt: „Boodensä"]* hierrheerr gloffe?"
Pilger: „Ja, in einer Woche. *[in einschmeichelndem Tonfall]* Die Schweiz ist wirklich ein sehr schönes Land. *[ich setze mein Wink-mit-dem-Zaunpfahl-Lächeln auf]* Und überall so hilfsbereite Menschen!"
Soldat: „Jo so sünn mrr Schwüüzer, haha *[lacht, als hätte er gerade einen Witz gemacht]* Aber hier *[er sagt: „hüürr"]* künnets nüüt durch *[„duuuchch"!]*, is militärisches Sperrgebiet. *[lächelt mir freundlich zu]*

Man könnte auf Sie schießen!" *[krümmt sich vor Lachen. Vermutlich kommt ihm mein Akzent genauso verworren vor wie mir seiner. Oder er erzählt mir irgendetwas, das ihm gerade einfällt, weil ich heute seine willkommene Abwechslung während seines ansonsten langweiligen Sommertags bin.]*

Nachdem ich betone, dass es mir äußerst unangenehm wäre, wenn auf mich geschossen würde, setzt er seinen Vorgesetzten von der Ankunft des ‚düüütschen Passanten' in Kenntnis und erlaubt mir den Durchgang. „Abrr schön uffm Wäägli *[er sagt das wirklich so]* blüüebä, sonscht ändets hüürr!" *[zwinkert mir zu, als wäre ihm erneut ein besonders guter Witz gelungen].* Auch wenn ich den Humor der Schweizer nicht verstehe, gehe ich doch davon aus, dass sie nicht auf einen Wanderer mit noch immer zu schwerem Rucksack und einer ausgebleichten Baseballmütze schießen werden, selbst wenn er aus Deutschland kommt. Kurz darauf laufe ich durch militärisches Sperrgebiet. Links und rechts knattern Maschinengewehre, ich halte mir die Ohren zu. Nach einer knappen Viertelstunde ist der Spuk vorbei. Der Wachposten am Ende des Sperrgebiets zwinkert mir verschmitzt zu, als wolle er sagen: Glück gehabt.

In der Jugendherberge von Fribourg habe ich das Pech, einen Spiegel vorzufinden. Unter meinem Sonnenbrand wuchern wilde Bartstoppel, auf der Nase schält sich die Haut. Meine Hose bietet einen repräsentativen Überblick über den Schmutz der letzten acht Tage, und auf meinem dunkelgrünen T-Shirt hat der getrocknete Schweiß weiße Schlieren hinterlassen. Vielleicht ist mein äußeres Erscheinungsbild

20

nicht ganz unschuldig am Verhalten des lustigen Schweizer Wachpostens. Trotz meines mit der menschlichen Zivilisation schwer zu vereinbarenden Aussehens bin ich heute ein bisschen stolz auf mich. In einer Woche bin ich quer durch die gesamte deutschsprachige Schweiz gelaufen und habe dabei etwa 250 Kilometer zurückgelegt. Das erste und sicherlich schwierigste Zehntel des Weges ist geschafft. Zudem ist Fribourg ein interessanter Ort, weil er sich genau an der Sprachgrenze befindet. In dieser traditionsreichen Stadt, deren Ursprünge bis in die Römerzeit zurückreichen, sind die Straßennamen, die Werbeplakate und die Ausschilderungen fast immer zweisprachig geschrieben, wobei man in Fribourg selbst eher Französisch spricht. Endlich eine Sprache, die ich verstehe, und bei der ich nicht versuchen muss, Worte wie ‚Chääshüesli' auszusprechen!

Lac Léman

Die Schönen und die Reichen
zwischen Lausanne und Genf

Nachdem ich mir gestern einen Tag Pause gegönnt habe, steht heute ein Gewaltmarsch auf dem Programm: 40 Kilometer südwestlich von Fribourg befindet sich mein Zielort Moudon. Kurz nach Fribourg betrete ich die im Mittelalter erbaute Pilgerbrücke in St. Apolline, der damals eine Schlüsselfunktion für die Wallfahrt nach Santiago zukam, und gehe zügig weiter nach Romont, dessen Geschichte bis ins Jahr 1240 zurückreicht. Immer wieder bemerke ich auf diesem 25 Kilometer langen Teilstück Hinweise auf die Pilgertradition. Römische Reliquien und moderne Kunstwerke präsentieren zu Dutzenden die mir inzwischen vertrauten Jakobsweg-Symbole: Die Jakobsmuschel, die die Wallfahrer einst als Beweis ihrer Ankunft an der galizischen Westküste gesammelt haben; das rote Schwert, das an die *Reconquista* und an das Erscheinen von *Jakobus matamores* in der Schlacht von Clavijo erinnert; der Pilgerstab als unentbehrliche Hilfe bei Auf- und Abstiegen, und der Apostel selbst, der zumeist als Pilger mit langem Mantel dargestellt ist. Zum ersten Mal seit meinem Aufbruch in Konstanz treffe ich auf weithin sichtbare Zeichen der Pilgertradition, und dort, wo ich meine Fußabdrücke im weichen Gras sehe – eine flüchtige Prägung der Landschaft, Markierungen Richtung Galizien, die bereits in wenigen Stunden verblasst sein werden – haben seit Jahrhunderten andere Pilger ihre Füße gesetzt. Mit welchen Hoffnungen und Ängsten waren sie auf dem Weg, was trieb sie in den galizischen Wallfahrtsort? Vielleicht werde ich es wissen, wenn ich die 2.500 Kilometer durchhalte; dann werde ich etwa drei bis vier Millionen Schritte gemacht haben.

Die 1243 erbaute Pilgerbrücke bei St. Apolline, Freiburg

Ein paar Tausend davon werden mir in lebhafter Erinnerung bleiben: Kurz nach Romont beginnt es weh zu tun; für die letzten fünf Kilometer von Curtilles nach Moudon benötige ich knapp zweieinhalb Stunden. Den ganzen Tag lang hatte ich das Gefühl, dass ich den Weg Meter für Meter förmlich in mich aufsauge. In Moudon angekommen weiß ich, dass ich mich dabei heute ein bisschen überfressen habe.

Ein Umweg nach Lausanne

Auch am nächsten Morgen steckt mir die Überdosis Jakobsweg von gestern noch in den Knochen. Irgendwie beiße ich mich bis zu dem Städtchen Montpreveyres durch, in dem darauf folgenden Waldgebiet geht es deutlich besser. Allerdings verlaufe ich mich im Wegwirrwarr des Waldes, gehe ein paar Stunden lang in irgendeine Richtung und treffe schließlich abrupt auf ein wie aus Versehen hier vergessenes Gutshaus, vor dem ein muskulöser Schwarzer den Rasen mäht. Ungläubig betont er immer wieder, dass wirklich *noch nie* ein Jakobsweg-Pilger an diesem Hof vorbei gekommen sei. Nachdem er mir zudem mehrfach versichert, dass der Genfer See in einer Richtung liegt, in die ich instinktiv auf keinen Fall gegangen wäre, bedanke ich mich herzlich und setze meinen Weg bis nach Lausanne fort. Die Hauptstadt des Kantons Vaud ist vor allem Sportlern ein Begriff: Seit 1915 hat das Internationale Olympische Komitee hier seinen Sitz. Zudem lebte von 1956 bis zu seinem Tod 1989 der belgische Kriminalautor Georges Simenon in Lausanne. Nach meiner Ankunft genieße ich den Sommerabend als Tourist, werde von einem charmanten Museumsbesitzer in eine ‚Ausstellung der Gerüche' eingeladen, in der ich in einem abgedunkelten Raum mit betörenden Düften verwöhnt werde, und verlasse dann den Jakobsweg, um mit dem Zug einen Abstecher nach Montreux zu machen.

Freddie Mercury blickt für immer auf den Genfer See

Den kleinen Ort am Genfer See muss ich besuchen, weil die Musikgruppe Queen hier ihre letzten Platten aufgenommen hat. „If you want the peace of soul, come to Montreux", ließ Freddie Mercury einst verlauten, und zu Ehren des Sängers wurde nach dessen Tod eine Statue am Kai errichtet. Von Caux, das sich 1.000 Meter über Montreux befindet und mit einer quietschenden Seilbahn zu erreichen ist, genießt man bei gutem Wetter einen Ausblick bis nach Genf. Einen Spaß mache ich mir daraus, die Leute während der Fahrt zu schockieren, indem ich ihnen erzähle, wie ich hierher gekommen bin.

Warum der Jakobsweg?

Ein paar Tage vor meinem Aufbruch habe ich mich mit Freunden und Arbeitskollegen über mein Vorhaben ausgetauscht. Die meisten von ihnen waren skeptisch, sahen keinen Sinn darin, auf die Annehmlichkeiten der Zivilisation, auf Fernseher, Auto und Bett zu verzichten und empfanden es als äußerst unangenehm, mittags nicht zu wissen, wo man abends schlafen wird. Kurz: Es sind Leute, die genau wie ich seit jeher an ein bequemes, watteweiches Leben gewöhnt sind. An ein

Leben, bei dem man die zweihundert Meter zum Einkaufen mit dem Auto zurücklegt, auf Kosten der Eltern ein langes Studium oder eine Ausbildung absolvieren kann und den Tag möglichst effizient strukturiert, um alle Überraschungen und Unwägbarkeiten auszuschließen. Nun habe ich gegen einen Alltag, der, würde man ihn verfilmen, eher einer Endlosfolge des Traumschiffs gleichkommen würde als einem Film mit, sagen wir, Bruce Willis, generell überhaupt nichts einzuwenden. Im Gegenteil: Ich genieße das Privileg, mich zum Beispiel mit wohlriechenden Damen statt mit schwitzenden Gangstern, die mir an die Gurgel wollen, beschäftigen zu können. Mein Problem ist nur, dass mir dieses Zuckerwatte-Leben in unregelmäßigen Abständen als bloße Kulisse erscheint, als Film, bei dem statt Dialogen seichter Smalltalk stattfindet und bei dem es letztlich um nichts geht, was mit meinem Leben zu tun hat. In solchen Momenten ist es, als strömten die Ereignisse an mir vorbei, ohne mich zu berühren oder als bekäme ich jeden Tag von Neuem denselben Teller fader Suppe vorgesetzt, und ich verspüre eine unaufhaltsame Lust nach neuer Würze und danach, hinter diese Kulisse zu blicken. Dabei wähle ich meine Ausbrüche durchaus zielgerecht aus. Ich habe beispielsweise kein Interesse daran, mich monatelang mutterseelenallein durch irgendeine Eiswüste zu kämpfen. Was mich anzieht sind fremde Ansichten und Lebensarten, Begegnungen, Menschenlächeln. In diesem Sommer nun begann ‚backstage' der Jakobsweg. Und das Glück unterwegs besteht gerade darin, dass man nicht weiß, was in den nächsten Stunden passiert. Indem man sich von dem Zwang löst, alles kontrollieren und strukturieren zu wollen, erkennt man die spontanen Veränderungen als das, was sie in Wirklichkeit sind: Möglichkeiten. Wenn ich zum Beispiel an einem Tag zügig voran komme und 40 Kilometer weiter südwestlich mein Nachtlager aufschlage: gut. Treffe ich aber stattdessen auf eine interessante Pilgergruppe und komme darum nur 25 Kilometer voran: auch gut. Vielleicht ist das

Leben in Wahrheit leicht und wir sind es, die es kompliziert machen. Der Organisationstheoretiker Herbert Simon hat das 1957 ungleich kunstvoller formuliert, indem er das Konzept des ,satisfying' entwarf. Demnach ist es oftmals sinnvoller, sich mit einer zufrieden stellenden Lösung abzufinden, weil man in diesem Fall die Zeit, die man für die Suche nach einer eventuell vorhandenen noch besseren, vielleicht gar optimalen Lösung verwendet, nutzen kann, um bereits aktiv und konkret zu handeln. Was wiederum eine Stressreduktion und somit einen Gewinn an Lebensqualität nach sich zieht, und genau darin besteht zu einem Großteil die ,art de vivre', die Lebenskunst vieler Mittelmeervölker.

Rettung in letzter Sekunde

Am Bahnhof von Lausanne nehme ich den Jakobsweg wieder auf, dem ich bis nach Morges folge. Unterwegs gehe ich am Sitz des Internationalen Olympischen Komitees vorbei und gerate passender Weise in einen offiziellen Triathlon. Schwitzende Gestalten mit großen Nummern auf ihren T-Shirts hasten an mir vorbei, von überall her ertönen Beifallsrufe. Meine zweimalige Überquerung der Triathlonstrecke stört zum Glück niemanden. Ab Morges ist die Landschaft definitiv kultivierter als auf den bisherigen Etappen meiner Reise. Gepflegte Wege schlängeln sich durch Weinberge und führen an imposanten Villen und alten Schlössern vorbei, die von abweisenden Zäunen umgeben sind. Die Schönen und die Reichen geben sich am Genfer See die Ehre. Nach wie vor treffe ich kaum andere Pilger.

Ab Morges vollführt der Jakobsweg seltsame Zuckungen: Die offizielle Strecke führt mich einen Weg entlang und parallel wieder zurück, immer wieder unterbrochen von Abstechern ins hügelige Hinterland. Ich mache das eine knappe Stunde lang mit und wähle dann die Variante an der Straße entlang bis zu dem Städtchen Nyon, das bekannt ist für Luxuswaren, schöne Seeblicke und Preise, die man als Passant für ein Versehen hält. Hier wird der Weg wieder übersichtlicher; allerdings frage ich mich, wie ich in diesem Gebiet, in dem eine Hotelübernachtung teurer ist als meine Ausgaben der vergangenen Woche und das offensichtlich so gut wie keine Erfahrungen mit Jakobspilgern hat, einen Unterschlupf finden soll. Nachdem ich mehrmals erfolglos versucht habe, einen pilgergerechten Preis auszuhandeln, merke ich, dass es langsam eng wird. Notgedrungen freunde ich mich mit dem Gedanken an, die Nacht bis Genf durchzulaufen, während wie als Warnung eine schwarze Wolkenfront vor mir aufmarschiert. Trotzdem nehme ich wild entschlossen die verbleibenden 20 Kilometer in Angriff, als in dem Dorf Mies eine junge Dame mit Regenschirm meinen Weg kreuzt, die mir, als sie bemerkt, dass ich wie sie aus Stuttgart stamme, spontan anbietet, bei ihr zu übernachten. Kaum kommen wir bei ihrem Haus an, beginnt es zu regnen. Wir köpfen eine Flasche Wein, und ich verbringe eine geruhsame Nacht, während der Wassertropfen ein Ballett auf dem Fensterbrett aufführen, das ich leider nur würdigen kann, bis mir die Augen zufallen.

Rege Diskussionen in der Genfer Jugendherberge

Am nächsten Morgen schüttet es wie aus Kübeln. Zum Glück verbleiben nur noch etwa 15 Kilometer bis Genf. Der Jakobsweg verläuft spektakulär unter der Einflugschneise des Flughafens. Die letzten Kilometer gehe ich bewusst langsam, um die Vorfreude zu steigern, in der letzten Stadt der Schweiz anzukommen. Minutenlang halte ich das Ortsschild in den Händen, ein älterer Herr wirft mir aus seinem Mercedes heraus einen Blick zu, als wolle er mir den Weg zur städtischen Irrenanstalt beschreiben. 400 Kilometer Fußmarsch liegen hinter mir, von Nordost nach Südwest durch die gesamte Schweiz. Von nun an wird die Wegführung leichter, und die Abzweigungen werden besser beschriftet sein. Zudem hoffe ich, bis Santiago immer mehr und mehr Pilgern zu begegnen.

In der Genfer Jugendherberge treffe ich einen Franzosen, der in Deutschland geboren wurde, in der Schweiz lebt und eigentlich nach Paris fahren wollte. Da er den Anschlusszug verpasst hat, ist er nun zu einer Übernachtung in Genf gezwungen. Der zweite Franzose in unserem Zimmer hat eben eine viertägige Busfahrt vom Süden Marokkos durch Spanien und Frankreich bis nach Genf hinter sich; er fährt morgen weiter nach Lausanne. Zwischen den beiden entfaltet sich eine lebhafte Diskussion über den Ursprung der Erde und Gottes Rolle dabei, in die ich mich von Zeit zu Zeit einschalte. Während der Frankreich-Schweiz-Deutsche eine urchristliche Theorie entwirft, die er mit zahlreichen Bibelzitaten belegt, setzt ihm der Marokko-Reisende ein ‚wissenschaftliches‘ Modell entgegen, demzufolge die Planeten wie Wasserblasen sind, die von Zeit zu Zeit implodieren. Ich muss gestehen, dass ich, seit ich mir in Konstanz ein ‚wissenschaftliches Studium‘ angetan habe, keine allzu große Lust mehr verspüre, mich an theoretischen Debatten zu beteiligen. Während ich meine Zähne putze, versichert mir der französische Schweizdeutsche, dass Jesus bereit sei, mich zu retten, was immer ich tue. Ich schlüpfe unter die Bettdecke und der Vielreisende versucht mich zu überreden, dass es Leben auf anderen Planeten gibt, die Fakten wiesen eindeutig in diese Richtung. Ich antworte eher einsilbig und gebe vor, mich intensiv mit meinen Wanderkarten zu beschäftigen. Als der Marokko-Heimkehrer bemerkt, dass das Weltall sich ganz offensichtlich ziellos ausdehne, während der schweizerische Deutschfranzose bei seiner Schilderung der Jungfrau Maria ins Schwärmen gerät, versuche ich die Diskussion zu sprengen, indem ich einwerfe, dass ich auch bereits in Marokko war. Tatsächlich lassen die beiden von ihren Großtheorien ab. Endlich haben wir ein Thema gefunden, über das wir uns alle austauschen können. Der Marokko-Heimkehrer ist begeistert, gibt mir spontan seine Adresse und versichert mir drei Mal, dass ich ihn besuchen könne, wann immer ich wolle. Leider habe ich ihm mit meinem Einwurf aber auch die Steilvorlage zu einer neuen Theorie geliefert, die er nun kunstvoll und detailliert vor uns ausbreitet: Statt unsere Unkenntnis der ‚neuesten wissenschaftlichen Erkenntnisse über das Universum‘ zu verkleinern, lässt er uns jetzt an seiner Sichtweise der Nord-Süd-Problematik und der Entwicklungszusammenarbeit teilhaben. Auch auf die Gefahr hin, unhöflich zu wirken, schlummere ich zwischen den ‚sich ständig ändernden Terms of Trade' und der ‚unrühmlichen Rolle der französischen Entwicklungshilfe' ein.

Die beiden Gesichter von Genf

Genf ist janusgesichtig, Genf hat zwei Seelen in seiner Brust. Denn neben der ‚offiziellen' Präsentation dieser Stadt, zu der die glitzernde Wasserfontäne, die Bankhochhäuser, die Juwelierläden und die repräsentativen Gebäude von über 200 internationalen Organisationen, darunter die Vereinten Nationen und das Internationale Komitee des Roten Kreuzes, gehören, neben dieser Stadt mit ihrem Strom Anzug tragender Manager und den Hotels mit Übernachtungen zu Phantasiepreisen gibt es noch ein anderes Genf. Eines, das man sieht, wenn man durch die engen Gassen der Altstadt läuft, das man bemerkt, wenn man auf die Ankündigungen von Konzerten und Lesungen achtet, wenn man die Graffiti-Parolen an den Wänden liest und wenn man sich in den kleinen Straßen der Außenbezirke verliert. Dann bemerkt man die bunte, jugendliche Seite dieser Stadt, die über eine quicklebendige (Sub-)Kulturszene verfügt, die vor allem von der Nähe zu Frankreich und den jungen *frontaliers* profitiert, die zum Arbeiten in die Schweiz kommen, aber in Frankreich wohnen. Das Nebeneinander von Luxus und Subkultur, Golfplätzen und Hinterhöfen, Opernaufführungen und Technodiskos, Uhrenherstellern und Tätowierkünstlern verleiht der Stadt ein besonderes Flair, und die Gegenüberstellung der verschiedenen Lebensweisen sorgt für eine Spannung, die Genf einen besonderen Reiz verleiht.

Frankreich

ALLEMAGNE

BELGIQUE

LUXEMBOURG

Paris

FRANCE

(200 kilomètres)

SUISSE
Genève

Lyon

St. Étienne

Conques

Bordeaux

Le Puy

Grenoble

Cahors

Figeac

Espalion

Aire sur l'Adour

Condom

Toulouse

Pau

St. Jean-Pied-de-Port

MONACO

ANDORRE

ITALIE

ESPAGNE

Von Genf nach Le Puy

Gezackte Vulkane und eine
Begegnung mit Forrest Gump

Am Genfer Bahnhof Cornavain nehme ich den Jakobsweg wieder auf. Da ich während meiner zweiwöchigen Schweizdurchquerung kaum einem Pilger begegnet bin, mache ich mich darauf gefasst, dass ich auch heute allein unterwegs sein werde. Umso erstaunter bin ich, als ich kurz nach Genf eine Gruppe von sechzig französischen Wanderern einhole, die sich das Teilstück Genf – Le Puy vorgenommen haben. Angeführt wird der Pilgertrupp von der Vizepräsidentin der ‚Gesellschaft der Freunde des Jakobswegs' in Frankreich, die ganz aus dem Häuschen gerät, als sie erfährt, dass ich von Konstanz hierher gelaufen bin. Gemeinsam überqueren wir die schweizerisch-französische Grenze, die hier nur aus einer alten Holzschranke und einem verrosteten Schild mit der Aufschrift ‚France' besteht. Die Vizepräsidentin ist sehr zuvorkommend, aber für meine Begriffe ein bisschen zu euphorisch, wenn es um den Jakobsweg geht. Außerdem hat sie die Angewohnheit, Dinge, die sie wichtig findet, ständig zu wiederholen – „ach, Sie kommen aus Konstanz, das finde ich toll, wirklich super, klasse ist das, also wirklich ..." und so weiter. Stolz übergibt sie mir einen Pilgerstab, und ich habe die Ehre, den kleinen Zug nach Neydens zu führen, dem ersten Dorf auf französischem Gebiet. Nach schwungvollen Reden des Bürgermeisters, des Sponsors und des Dorfpfarrers findet hier die offizielle Einweihung eines neuen Jakobsweg-Hinweisschildes statt. „Natürlich ist das eigentlich Wichtige dabei das kostenlose Büffet", raunt mir Arnaud, ein etwa 60-jähriger Pilger aus der Gruppe, zu. Die Vizepräsidentin findet die Enthüllung dagegen „großartig, geradezu phantastisch, ein Zeichen für die Wiederbelebung der Pilgertradition, aber wirklich...". Wie erwartet dauert die Einweihung keine Viertelstunde, das anschließende Gelage bei Häppchen und selbstgebrautem Rosinenwein aus der Region ist jedoch auf zweieinhalb Stunden angesetzt. Da ich auf meiner bisherigen Reise die löbliche Angewohnheit angenommen habe, derartige Gelegenheiten ohne allzu viel Skrupel beim Schopf zu packen, schlage ich mir hemmungslos den Bauch voll und nehme außerdem noch ein paar der Häppchen als Proviant für unterwegs mit. Die Vizepräsidentin ist jetzt voll in ihrem Element; sie wuselt herum und stellt mich überall als den Mann vor, der „von Konstanz gekommen ist, also: von Konstanz, in Deutschland, wissen Sie ..." und so weiter. Nach einer Viertelstunde höflichem Palaver verlasse ich die Gruppe unauffällig, danke der Vizepräsidentin – „ach, Sie müssen schon weiter, es war so nett, Sie kennen gelernt zu haben, also wirklich, so nett ..." – für die Häppchen und setze meinen Weg alleine fort.

Kurts Lebensgeschichte

Beim Abstieg zum ‚Pont de Fier' treffe ich einen Schweizer: Der erste Pilger, der einen bleibenden Eindruck bei mir hinterlassen wird. Kurt hat die ersten 22 Jahre seines Lebens in Liberia verbracht, bevor er bei einer schweizerischen Firma unterkam.

Täglich arbeitete er im Durchschnitt 10 Stunden, oftmals auch an den Wochenenden. Drei Jahre nach seinem Einstieg bei der Firma konnte er sich ein eigenes Auto leisten, dann kaufte er auch je eines für seine beiden Kinder. Im Berner Umland baute er sich ein Haus und legte einen Garten an. Zehn Jahre lang leitete er die Firma. Eines Tages, an einem Septembermorgen, erschien er zu spät zur Arbeit. Eine Kleinigkeit, eine Bagatelle, aber dieser verspätete Arbeitsbeginn setze bei Kurt einen Gedankenprozess in Gang, der ihn schrittweise von seinem bisherigen Leben entfremdete. Plötzlich begann er sich zu fragen, ob neben seinem Alltag vielleicht Alternativen existierten, die ungleich Reizvolleres für ihn bereit hielten als sein geordnetes Leben in der Schweiz. Kurz nach seinem fünfzigsten Geburtstag verkaufte er sein Haus, das Auto und das Handy und ging los. Seit einer Woche ist er jetzt unterwegs. Er keucht unter der Last seines zu schweren Rucksacks – ein Anfängerfehler, der mir nur allzu vertraut vorkommt – aber gleichzeitig ist da etwas in seinen Augen, wenn er fast zärtlich auf den Weg vor ihm blickt. Es ist etwas um seine Mundwinkel herum, wenn er lächelt und in seiner Stimme, wenn er spricht, in ruhigen, klaren Sätzen, kein Zittern in den Worten. Eine neue, große Zuversicht. Sein bisheriges Leben bereut er nicht, aber er hat gemerkt, wann es Zeit war für einen Wechsel. Jetzt ist er es, der bestimmt, wo es lang geht. Drei Stunden lang gehen wir zusammen. Wie ich will er den gesamten Weg bis nach Galizien gehen, allerdings in gemächlichem Tempo. Zudem verzichtet er vollkommen auf technische Hilfsmittel: kein Handy, keine Taschenlampe und, ungewöhnlich für einen Schweizer, auch keine Uhr. Jeden Tag geht er, soweit er kommt, und breitet dann seinen Schlafsack auf einer Luftmatratze aus. Er hat vor, nach der Ankunft in Santiago den *Camino del Norte*, den Nordweg an der spanischen Küste, zurückzugehen, um schließlich nach Großbritannien auszuwandern, wo seine beiden Kinder leben. Als wir uns trennen, hat sich seine Lebensgeschichte und mehr noch die Art, wie er vom Jakobsweg sprach, irgendwie in meinem Gedächtnis verhakt, und entschlossener als zuvor setze ich meinen Weg fort.

Der Jakobsweg verteilt Geschenke wie dieses, doch er erteilt auch Lektionen. Er sorgt dafür, dass man seine Kräfte realistisch einschätzt. Übereifer wird mit Muskelkater und Blasen sanktioniert. Oder aber man lernt im Gegenteil erst hier seine Reserven kennen. Man stellt fest, dass man 40 Kilometer gehen kann, auch wenn es heiß ist und der Rucksack schmerzt. Am Tag darauf nimmt man sich 50 Kilometer vor und merkt, dass auch das möglich ist. Im besten Fall entsteht nach solchen Erfahrungen eine neue Selbstsicherheit, und manche Pilger finden unterwegs etwas, das sie innerlich lächeln lässt: Sie haben sich selbst besser kennen gelernt. Sie haben ihre Möglichkeiten erkannt und die Zwänge anerkannt.

Der Sommer ist auf dem Vormarsch

Direkt nach der Überquerung der Rhône empfängt mich das *Département Savoie* mit einem Naturpark. Erstaunte Touristen in Badeshorts und Hawaii-Hemden, die auf dem Weg zum nahe gelegenen Badesee sind, blicken mir nach, als ich mit langen Schritten und kraftvollem Schwung meiner beiden Skistöcke den Park der Länge nach durchquere. An einem Kiosk kaufe ich mir das lang ersehnte erste Eis in Frankreich, eine Wohltat bei etwa 35°C und nahezu Windstille. Seitdem ich von den Schweizer Alpenausläufern in die Ebene hinabgestiegen bin, hat die Temperatur spürbar zugenommen. Der Sommer ist auf dem Vormarsch, er schickt Insektenschwärme und abendliche Wärmegewitter als Boten voraus. Und heute schenkt er mir einige laue Stunden in Serrières-en-Chautagne: Zum dortigen Campingplatz gehört eine Bar im Freien, von der aus ich lange den Ausblick auf einen kleinen, von Bergen umrahmten See genieße. Die Sonne zieht einen rasiermesserscharfen Schatten durchs Gras, besprenkelt die Wohnwagen mit Lichtresten, als wolle sie sie wach halten, aber das nützt ihr nichts: Meter für Meter verliert sie an Boden, während ihr alter Gegenspieler, der Mond, bereits aufmarschiert ist, mit seiner Armee aus Sternen, die ihr stückweise das Licht streitig machen. Beleidigt flieht sie über die Berge nach Westen, weinrot blicken die Steilhänge ihr nach, während der See sich bereits seit einer halben Stunde in seiner dunklen Ecke schlafend gestellt hat. Wie immer tut er so, als ginge ihn dieses Schauspiel nichts an: Er wird morgen wieder den Ahnungslosen spielen, scheinheilig die ihm zugedachte Arbeit verrichten und der Sonne ihre Lichtstrahlen zurücksenden.

Der Weg zu einem Anfang

Am nächsten Tag führt mich der Jakobsweg durch eine mit Weinreben bewachsene Hügellandschaft, vorbei an abweisenden, verschlossenen Kirchen. Da hier kaum Pilger durchkommen, sehen die Pfarrer der Region keine Notwendigkeit, die Gotteshäuser zu öffnen. Dabei wäre, weil der Weg grundsätzlich direkt dort vorbei führt, eine Rastgelegenheit, ein Glas Wasser oder auch nur eine offene Tür eine Wohltat. So jedoch handelt es sich bei den Kirchen in Frankreich um Gebäude, die man zur Kenntnis nimmt und weiterzieht; mit der Geschichte, die der Jakobsweg erzählt, haben sie nichts zu tun. Heute gehe ich durch bis Yenne, der bisher größten Station auf meinem Weg in Frankreich. In Yenne leben laut offizieller Statistik 2.599 Menschen. Heute Nacht werden es ausnahmsweise 2.600 sein: Nach einem üppigen A-bendessen bei einem *acceuil jacquaire*, einer Familie, die Wanderer aufnimmt, falle ich zufrieden in ein weiches Doppelbett.

In meinem Leben hatte ich das Glück, bereits viele Orte sehen zu können. Ich stand vor dem ‚Grand Canyon' und habe südlich von Seattle die höchsten Bäume der Welt gesehen. Ich lebte mehrere Tage im Dschungel Ecuadors, kletterte auf einen 5.000 Meter hohen Vulkan und war Gast in fast allen Hauptstädten Europas. Ich durchstreifte australische Eukalyptuswälder und fuhr die ‚Great Ocean Road', eine Traumstraße der Welt, entlang. Ich verirrte mich im Straßengewühl Marrakeschs, verspielte zehn Dollar in Las Vegas und legte mich unter dem Sternenhimmel der Sahara schlafen. Doch keiner dieser Orte reicht an die Ausblicke, die Stimmungen und die Begegnungen auf dem Jakobsweg heran, der praktisch direkt vor meiner Haustür entlangführt.

Es gibt eine Redewendung, die Jakobspilger in Südfrankreich und Nordspanien oft zu sehen bekommen; sie steht auf Hinweisschildern, in Reiseführern und Gästebüchern: ‚Der Weg beginnt, wenn man in Santiago angekommen ist'. Vielleicht ist *das wirklich so; vielleicht sind die meisten Pilger unterwegs, um einen **Anfang** zu finden: Den Ausgangspunkt für ein genauer definiertes, bewusster erlebtes und darum freieres Leben.*

Der Jakobsweg ist völkerverbindend. Nicht wie eine schwungvolle politische Rede, sondern unauffällig wie ein Fluss, der, wenn man ihm folgt, dafür sorgt, dass man die Ländergrenzen als etwas Künstliches erlebt. Ein Fluss schert sich nicht um Grenzen und Sprachen, er folgt seinem natürlichen Lauf. Die Jakobswege durchziehen Europa wie Flüsse.

Unterwegs mit ,Komet'

Im Dorf Les Abrets, auf dem Campingplatz *Le coin tranquille* (,die ruhige Ecke', sehr passend zum bisherigen Verlauf des Jakobswegs), begegne ich zum ersten Mal einer allein reisenden Pilgerin. In einem extra für Jakobswegwanderer bereit stehenden Zelt, dessen knallrote Seitenwände nicht zum armeegrünen Dach passen, sitzt sie frisch geduscht auf ihrem Schlafsack, während ich diesen Gang offensichtlich noch vor mir habe. Saquina unterrichtet Französisch, Latein und Griechisch in Paris, erstellt Graphiken, nimmt an Semimarathonläufen teil, macht Kampfsport und geht zum vierten Mal Richtung Santiago. Ihre Mutter ist Spanierin, ihr Vater stammt aus Algerien. Den Weg sieht sie in erster Linie als sportliche Herausforderung; wie ich ist sie in vier Tagen die 130 Kilometer von Genf nach Les Abrets gegangen. Wir verstehen uns auf Anhieb. Sie hat die deutschen Philosophen gelesen, Nietzsche, Kant, Hegel, Schopenhauer, insbesondere die Namen der beiden letzten spricht sie unnachahmlich aus. Als sie zudem am nächsten

Morgen spontan ihr Frühstück mit mir teilt, bin ich vollends von ihr eingenommen und schlage vor, die ersten Stunden des heutigen Tages gemeinsam weiter zu gehen.

Dabei sollte ich erwähnen, dass ich die Eigenart besitze, Menschen aufgrund ihrer Bewegungen einzuschätzen. Worte sind mir grundsätzlich suspekt, ich kann ihre Mehrdeutigkeit nicht leiden. Eine hochgezogene Augenbraue bedeutet mir fast immer mehr als ein langes Plädoyer, und aus einer nervösen Handbewegung ziehe ich meistens mehr Schlüsse als aus einem eloquent vorgebrachten Argument. Vermutlich hängt das mit meiner Kurzsichtigkeit zusammen, genauer gesagt mit meiner standhaften Weigerung, in jungen Jahren eine Brille zu tragen. Freunde erkannte ich zumeist nur an typischen Bewegungen, zum Beispiel daran, wie sie sich mit der Hand durchs Haar fahren, und im Lauf der Zeit bin ich dazu übergegangen, automatisch ‚Bewegungstypen‘ zu bilden, ohne dass ich etwas dagegen tun kann. Die Vizepräsidentin der Jakobsgesellschaft ist beispielsweise der Typ *Gazelle* – schnelle nervöse Schritte, dabei immer bereit, nach links oder rechts auszubrechen, wenn irgendwo Gefahr auftaucht – während Kurt, der Schweizer, als Typ *Buddha* mit weiten Schritten ruhig und gelassen seinem Ziel entgegenschreitet, gleichmäßig wie ein Metronom, ohne dass ihn irgendetwas aus seinem Rhythmus werfen könnte. Saquina nun ist der Typ *Komet*: unglaublich schnell, ohne dass man ihr das ansieht. Tatsächlich scheint sie den Boden, den ich mit meinen Skistöcken malträtiere, kaum zu berühren, und manchmal ist sie plötzlich zwanzig Schritte voraus, als wären wir in einer ‚Star Track‘-Folge, und sie hätte sich kurzerhand nach vorne gebeamt, ohne dass ich das berühmte „Energie!" gehört hätte. Und wie bei allen Wanderern, bei denen die Frau schneller ist als der Mann, denke ich nicht im Traum daran, das zuzugeben; vielmehr laufe ich lächelnd neben ihr her, als sei es das Normalste der Welt für mich, in einer Stunde sechs bis sieben Kilometer zurückzulegen. Wir unterhalten uns gut, und manchmal schweigen wir zusammen; Saquina hat die Gabe, gut zuhören zu können. „Hey, heute morgen haben wir fast 20 Kilometer zurückgelegt, ohne sie zu spüren!", sagt sie nach drei Stunden lächelnd. „Genau", stimme ich ihr lebhaft zu, obwohl ich schon seit einiger Zeit an das Picknick denke, das ich mir gleich im nächsten Dorf gönnen werde, „und was unternehmen wir übermorgen in Santiago?". Als wir uns trennen weiß ich noch nicht, dass wir uns demnächst unter Umständen wieder sehen sollten, die keiner von uns erwartet hätte, die sich jedoch als großer Glücksfall erweisen sollten.

Und nebenher bauen wir ein Schwimmbad

Nach einer wohlverdienten Pause gehe ich bis Le Grand-Lemps, das aus knapp zehn Häusern besteht, sich aber trotzdem ‚Dorf' nennt. Hier finde ich Unterschlupf bei einer Familie, die Kinder adoptiert und Pilger aufnimmt. Ich werde mit einem typisch französischen Abendessen begrüßt, was in erster Linie bedeutet, dass man sich während eines üppigen Menüs vier Stunden lang über die kulinarischen Spezialitäten der Region unterhält. Heute Abend nimmt unser Gespräch jedoch eine unerwartete Wendung: Für die Nacht ist Regen vorausgesagt, und bis dahin muss der Familienvater den Boden des Schwimmbads, das er gerade in seinem Garten anlegt, fertig gestellt haben. Spontan biete ich meine Hilfe an, und bis kurz vor Mitternacht hämmern und schneiden und kleben wir, bis der Boden fertig ist und wir stolz in unsere Betten fallen.

Vom Gewitter überrascht

In der Nacht hat es nicht geregnet, und auch der Tag fängt trügerisch sonnig an. Schon denke ich, dass sich die Wolken Richtung Nordosten verziehen werden. Noch habe ich nicht gelernt, die Wetterzeichen richtig zu deuten. Gut gelaunt überquere ich gerade ein offenes Feld, als das Gewitter plötzlich losbricht. Im Laufschritt marschiert eine Armee aus pechschwarzen Wolken nur Meter über dem Boden auf mich zu, entreißt den Bäumen die Blätter, rüttelt energisch an den Stämmen und umzingelt mich mit einer nassen dunklen Wand, die kaum Sonnenlicht durchlässt. Ich bin so beeindruckt, dass ich erst nach meiner Regenjacke greife, als bereits tischtennisballgroße Hagelkörner auf den Boden prasseln. Fluchend hechte ich mich unter einen von Blitzen im Sekundentakt erhellten Baum, zumindest bringe ich noch die Geistesgegenwart auf, mir nicht den größten auszusuchen. Die Regenjacke nützt nichts, die Nässe dringt durch den Pullover und das T-Shirt bis auf die Haut, Wasserfäden rinnen meinen Nacken hinab, der Rucksack saugt sich voll, gewinnt spürbar an Gewicht. Ich nehme mir vor, dem Jackenhersteller einen Drohbrief zu schreiben, wenn ich hier rauskomme.

Fünfzehn Minuten dauert der Spuk, dann lassen die Wolken plötzlich von mir ab, um neue Opfer in einem anderen Gebiet zu terrorisieren. Durchnässt und frierend flüchte ich mich im nächsten Dorf in das einzige Café und mache mir klar, dass ich heute schnell eine Unterkunft finden muss. Meine Kleider trocknen nicht vollständig, und am Boden meines Rucksacks hat sich eine ansehnliche Pfütze gebildet, in der meine restlichen Socken und die Hose zum Wechseln schwimmen.

Missmutig setze ich den Weg fort. Mein Reiseführer schleudert mir entgegen, dass die nächste Unterkunft noch Stunden entfernt ist. Schon freunde ich mich mit dem Gedanken an, meinen Rucksackinhalt unter einer alten Steinbrücke auszubreiten, dem einzigen trockenen Ort weit und breit, da bemerke ich ein völlig durchweichtes Pappschild, das den Weg zu einer kleinen Hütte weist. Noch zögere ich, weil sich die Unterkunft zwei Kilometer außerhalb des Weges befindet, mich also zu einem Umweg zwingt, und ich nicht weiß, ob sie überhaupt geöffnet und ob dort Platz für mich ist. Die Aussicht auf ein Dach über dem Kopf und die Möglichkeit, schneller als gedacht aus meinen nassen Kleidern zu kommen, bringt mich allerdings dazu, meine Bedenken großzügig zu übergehen und den kleinen Wegweisern zu folgen.

Eine knappe halbe Stunde später stehe ich vor einem mehrstöckigen Haus, das ein riesiger Garten umgibt.

Als sich auf mein Klingeln nichts tut, befürchte ich schon, die Nacht unter dem überstehenden Dach dieses Hauses verbringen und morgen den Weg wieder zurückgehen zu müssen. Vorher jedoch muss ich alle Möglichkeiten ausschöpfen. Ich ignoriere das Warnschild vor dem Hund, trete in den Garten und klopfe an den Hintereingang des Hauses. Nichts tut sich. Gerade als ich entnervt kehrt machen will, entdecke ich in einer Ecke des Gartens, versteckt unter Bäumen, ein kleines, ganz aus hellem Holz gebautes Häuschen. Sollte das vielleicht die Jakobshütte sein? Hoffnungsvoll öffne ich die massive Eingangstür – und treffe auf eine verdutzte Saquina, die genau wie ich hier Zuflucht vor dem Gewitter gefunden hat. Ihr Gesicht strahlt mir entgegen, als sie mich erkennt, wir fallen uns in die Arme. Wenig später kommen auch die Eigentümer der Hütte: Ein strohblonder Holländer mit schalkhaften Augen und einem breiten Grinsen, das ihn sofort sympathisch macht, und seine Frau, eine Französin aus dem Nachbardorf, die uns neugierig über unseren bisherigen Wegverlauf ausfragt. Schnell sind wir von den beiden eingenommen, und unsere Zuneigung steigt noch, als sie uns eine dampfende Schüssel Nudeln auf den Tisch stellen. Lange unterhalten wir uns zu viert über den bekannten französischen Jakobswegwanderer Jacques, die Eigenarten der Deutschen und der Spanier und über die Vorteile, eine Französin aus dieser Gegend zu heiraten. Noch vor wenigen Stunden hatte ich über den plötzlichen Wetterumschwung geflucht. Jetzt denke ich, was für ein Glück ich doch hatte, heute in ein Gewitter geraten zu sein, das mich zu diesen redseligen Herbergseltern und zurück zu Saquina gebracht hat.

Es gibt wiederkehrende Phänomene des Jakobswegs und Personen, die zu Legenden werden. Eine dieser Legenden ist Jacques, ein Rentner, der sich einen Traum erfüllt hat und seit fünf Jahren mit zwei Eseln, drei Hunden und einem alten Planwagen auf den Jakobswegen Europas unterwegs ist. Manchen Pilgern gilt es als gutes Omen, seinen Weg zu kreuzen, und in einigen Herbergen hängen Postkarten, von denen sein hageres, aus jeder Falte Glück aussendendes Gesicht mutig und gleichzeitig schelmisch in den Raum blickt. Diese und weitere Geschichten erfährt man nach und nach unterwegs. Der Jakobsweg funktioniert so wie eine Art Telefonleitung, durch die Neuigkeiten und Gerüchte von Mund zu Mund weitergegeben werden.

Zwei Tafeln Ritter Sport zum Mittagessen

Den nächsten Tag verbringe ich mit Saquina. Als wir nach wenigen Kilometern um eine Kurve biegen, stoßen wir plötzlich auf eine Hochzeitsgesellschaft. Geschminkte Damen und feierlich dreinblickende Herren stehen um ein Büffet mit Champagner und Kuchenstücken herum und warten offensichtlich auf die beiden Stars des Abends. Sogar eine Band ist aufmarschiert, vier ältere Herren im Frack, deren Blechblasinstrumente nichts Gutes vermuten lassen. Augenscheinlich leben wir beiden verschwitzten und von der Sonne verbrannten Pilger momentan in einer Art Parallelwelt: Wie zwei Aliens laufen wir an der erwartungsvollen Gruppe vorbei, einige Gäste winken uns fröhlich zu. Etwas unwirklich kommt es mir vor, nach Wochen des Alleinseins auf diese ausgelassen feiernden Menschen zu treffen. Als sei dies ein kleiner Hinweis, dass, während ich Schritt für Schritt gen Santiago laufe, gleichzeitig der Alltag für fast alle meiner sechs Milliarden Mitmenschen weitergeht und sie ihren Gewohnheiten auch heute nachgehen:

Mittagessen in der Jakobus-Taverne, Navarrenx

Sie streiten sich, versöhnen sich wieder, arbeiten und hinterziehen Steuern; einige sterben und andere werden geboren. Und einer von ihnen denkt heute ab 11 Uhr nur noch daran, möglichst schnell etwas Essbares aufzutreiben: Saquina hat echten Pilgerhunger. In Assieu stürzen wir uns in den örtlichen Supermarkt und essen anschließend je ein Baguette mit einem Laib Käse. Überhaupt haben sich meine Essgewohnheiten deutlich geändert, seit ich unterwegs bin. Habe ich während des heimischen Bürojobs noch versucht, möglichst wenig Kalorien zu mir zu nehmen, benötige ich bei zehn Stunden Fußmarsch täglich eine ungleich höhere Energiezufuhr. Der Körper sucht sich dabei selbst heraus, was er am dringendsten braucht, er verlangt automatisch nach dem Richtigen. Besonders wichtig sind schnelle Zucker, Energie, die sofort ins Blut geht. Unter Pilgern ist es darum üblich, Schokolade zu teilen, und nach einer morgendlichen 25-Kilometer-Wanderung kann das Mittagessen schon mal mit zwei Tafeln Ritter Sport in einem Baguette eröffnet werden. Vor allem wenn man mit jemandem vom Typ *Komet* unterwegs ist: Nach über 40 Kilometern kommen wir schließlich auf dem Campingplatz von Clonas-sur-Varèze in einem geräumigen Wohnwagen zur Ruhe.

Am nächsten Tag gehen wir wieder bis zum Mittag gemeinsam. Anschließend folge ich erneut dem Diktat meiner Hormone und nehme mir vor, bis zum 45 Kilometer entfernten Bourg-Argental durchzugehen, um nicht gegenüber Saquina zurückzufallen, auch wenn ich nicht genau weiß, wie weit sie heute kommen wird. Vom Dorf davor rufe ich an, um mich nach Übernachtungsmöglichkeiten zu erkundigen. Da alle Herbergen in Bourg-Argenthal von Touristengruppen belegt werden, muss ich zum ersten Mal seit meiner Abreise aus Konstanz in einem Hotel der gehobenen Preisklasse übernachten. Zudem muss ich um spätestens 21 Uhr dort sein, ansonsten wird das letzte Zimmer anderweitig vergeben. Als ich anrufe ist es 20 Uhr, noch fehlen 8 Kilometer bis Bourg-Argenthal. Eine Herausforderung. „Kein Problem", sage ich also in den Hörer, dann mache ich mich im Laufschritt auf den Weg, während mir die Sonne orangerote Lichtstrahlen wie Anfeuerungen hinterher wirft.

Ein Pilger im Luxushotel

Eine Minute vor neun stürze ich in das Eingangsfoyer des Hotels: ein überhöflicher Empfang, mit rotem Samt überzogene Stühle, kitschige Plastikblumen im Zimmer, eine goldene Badewanne und lustige Motive auf dem Toilettenpapier. In solchen Räumlichkeiten verspüre ich jedes Mal ein gewisses Unbehagen. Ich brauche das alles nicht, alles was ich will ist ein Dach über dem Kopf, eine Dusche und eine Matratze. Stattdessen treffe ich auf ein Angebot, das – wie leider des Öfteren in Frankreich – nicht mit den Bedürfnissen von Jakobswegwanderern übereinstimmt. Zudem spüre ich, dass ich hier ein Bündel von unausgesprochenen Regeln beachten muss, die vorschreiben, wie ich mich kleiden, was ich essen und was ich sagen soll. Je nachdem wie gut man dieses Spiel mitmacht, wird man eingeschätzt. In diesem Hotel gehört es zum Beispiel augenscheinlich zum guten Ton, etwas von dem erlesenen Frühstück übrig zu lassen. Damit signalisiert man wohl, dass das Angebot ausreichend war, dass man davon das heraussuchen konnte, was einem am besten schmeckt, und dass man es im Übrigen nicht nötig hat, sich den Bauch voll zu schlagen, auch wenn man dafür bezahlt hat. Ich beschließe jedenfalls, mich ganz wie ein Pilger zu verhalten, schlage unter den missmutigen Blicken der Dienerschaft beim Frühstück richtig zu, ziehe dann mein altes T-Shirt an, schnalle mir den Rucksack auf den Rücken und ziehe weiter – nicht ohne vorher für die Übernachtung eine Summe bezahlt zu haben, mit der ich in Nordspanien eine Woche lang auskommen werde.

Kurz nach meinem Aufbruch von dem Luxusschuppen durchquere ich ein Waldgebiet. Der Wind verfängt sich in den Baumkronen und spielt mit den Blättern, eine würzige Mischung aus Fichtennadeln und Pinienknospen liegt in der Luft. Aus weiter Ferne dringt zu Beginn noch der Lärm einer Straße an mein Ohr, dann sind nur noch die Geräusche des Waldes zu hören. Auf weichen, mit Moos bewachsenen Waldböden gehe ich am liebsten, und manchmal setze ich mich zwischen zwei hoch gewachsenen Bäumen auf die Erde und versuche zu verharren, für einen Moment eins zu werden mit dem Wald. Dabei merke ich, dass das, was wir als Stille empfinden, in Wirklichkeit niemals echte Stille ist. Immer knackt irgendwo ein Ast, fällt eine Eichel zu Boden, summt eine Fliege, stellt sich ein Zweig dem Wind entgegen. In den raren Momenten, in denen auch diese Geräusche verstummen, ist zumeist etwas Unerwartetes im Gange, kündigt sich etwas Ungewöhnliches an. Manchmal ist es kurz vor einem Gewitter so still, oder wenn ein großes

Raubtier unterwegs ist. Mit der Zeit lerne ich, solche und weitere Zeichen richtig zu deuten.

Ziemlich früh komme ich in Montfaucon an und habe eigentlich große Lust, noch weiter zu gehen. Leider gibt es auf den kommenden 16 Kilometern keine Übernachtungsmöglichkeit. Da sich jedoch, seit ich unterwegs bin, eine unerklärliche Leichtigkeit in mir ausbreitet, durch die ich lerne, die Dinge so zu nehmen, wie sie sich gerade präsentieren, streife ich ein wenig durchs Dorf und treffe auf eine äußerst mitteilungsbedürftige Bäckerin, die extra für mich nochmals ihren Laden öffnet, damit ich mir meine heiß geliebten *éclairs* – mit Karamell- oder Schokoladencrème gefüllte Törtchen, die sicherlich als erstes von der Speisekarte jedes Diätprogramms gestrichen würden – kaufen kann. Anschließend hole ich mir beim mobilen Imbiss *La Lasagnette* eine doppelt belegte Familienpizza und besorge mir anschließend im Café *Tire-Bouchon*, dem ,Korkenzieher', den Schlüssel für die örtliche Pilgerherberge, die ich heute inklusive 30 Betten, mehreren Duschen und WCs, einer voll ausgestatteten Küche und einem Aufenthaltsraum für mich allein habe. In dieser ungewöhnlichen Umgebung verbringe ich mehrere Stunden damit, in regelmäßigen Abständen zwischen Essen, Lesen und Schreiben zu wechseln, bevor ich, obwohl sich heute vieles ganz anders ereignet hat als gedacht, zufrieden einschlafe.

Kleber

Am nächsten Morgen bekomme ich Gesellschaft: Wenige Schritte nach meinem Aufbruch von der

Pilgerherberge springt mir ein verwahrlostes, bellendes Energiebündel entgegen, das mich wie einen alten Bekannten begrüßt, den man seit Jahren nicht zu Gesicht bekommen hat. Als ich reflexartig das pechschwarze Zottelfell des Wesens tätschele, beschließt es offensichtlich, bei diesem netten neuen Herrchen zu bleiben. Einen halben Tag lang streife ich so mit einer liebesbedürftigen Rottweiler-Dobermann-Mischung durch Frankreich, die sich von Zeit zu Zeit an meine Beine schmiegt und den Umkreis von drei Metern um meine Person nur verlässt, um weidenden Kühen eine Heidenangst einzujagen, indem sie wie ein Besessener auf sie zu rennt und versucht, nach ihren Beinen zu schnappen. Ich nenne meinen neuen vierbeinigen Freund *Kleber* und male mir schon aus, wie wir beide die Pyrenäen emporhecheln, weil ich ihn nicht mehr loswerde, aber es sollte mal wieder anders kommen. Als Kleber nämlich gerade beschließt, eine Herde grasender Pferde anzufallen, erkenne ich die Gestalt eines Wanderers, der sich beim Näherkommen als Saquina entpuppt. So langsam bin ich nicht mehr erstaunt, dass wir uns immer wieder über den Weg laufen, mit der Zeit gewöhnt man sich an das Unerwartete. Kleber und ich sind von dem Neuankömmling begeistert, doch nach einer dreiviertel Stunde findet Saquina in dem zotteligen Fell die Telefonnummer des Besitzers, der seinen untreuen Wachhund im nächsten Dorf abholen kommt. Traurig blickt Kleber uns nach, als wir die letzten Häuser des Dorfes in Richtung Süden hinter uns lassen. Ich denke aber, dass Spanien letztendlich nichts für ihn gewesen wäre: zu wenig Kühe und zu heiß für ein zotteliges Untier.

„C'est un virus!"

Vor uns erstreckt sich die bizarre Vulkanlandschaft des *Velay*, einer erdgeschichtlich betrachtet sehr jungen Vulkankegelkette, deren sanft gerundete Kuppen, französisch *Dome* genannt, bis zu 1.500 Meter in den Himmel ragen. Anders ausgedrückt ist das Velay Teil einer kontinentalen Riftzone, wo durch geoelektronische und seismische Testverfahren (Aubert & Camus 1974) die Existenz einer positiven Wärmeanomalie nachgewiesen wurde, die sich bis in etwa 270 Kilometer Tiefe erstreckt (Granet et al 1995). Aus diesem Grund ist die Gegend, in der wir uns befinden, geprägt von Domen phonolithischer bis trachytischer Zusammensetzung und stellenweise sogar von rhyolithischen Eruptionen, wie u.a. Bardintzeff (1999) betont; und der geothermische Gradient ist nicht zuletzt aufgrund des tertiären und quartären Hot-Spot-Vulkanismus mit 1°C pro 15 Meter doppelt so hoch wie in den übrigen Vulkan-Gebieten Frankreichs. Konkret bedeutet dies, dass Saquina und ich ständig bergauf gehen müssen und dabei ganz schön ins Schwitzen kommen, dass wir uns an erstaunten Ausrufen überbieten, weil sich immer neue, vor Lava schwarze Gesteinswände abrupt vor uns erheben, und dass wir schließlich gezwungen sein werden, in Le Puy neue Filme für unsere Fotoapparate zu kaufen, weil wir unsere Begeisterung zumeist mit dem hilflosen Versuch kombinieren, das Gesehene auf Papier zu bannen und somit zu immortalisieren.

Je höher wir steigen, desto offensichtlicher sind die Zeugnisse der Zivilisation, auf die wir stoßen, den klimatischen Bedingungen angepasst, die in einem Mittelgebirge herrschen. Die Häuser sind aus massivem Gestein gebaut und haben vor allem in den oberen Stockwerken viel Platz. Ein Stall im Erdgeschoss diente dabei früher als natürliche Heizung: Die Körperwärme des Viehs sammelte sich direkt unter der Decke. Unerwartet Verstorbene pflegte man im Winter auf den Dächern festzubinden, da der gefrorene Boden Begräbnisse nicht zuließ. Oben auf den Dächern wurden die Leichname im Schnee konserviert und waren vor Raubtieren geschützt. In einem solchen Haus finden Saquina und ich heute auf über 1.200 Metern Höhe Zuflucht vor den Westwinden und treffen auf ein Pilgerpärchen, das mit zwei Eseln namens ‚Blanche' und ‚Florette' den Jakobsweg von der spanischen Grenze bis Saint-Étienne den Muscheln entgegengesetzt entlanggeht. Die beiden sind uns auf Anhieb sympathisch: ein eingespieltes, routiniertes Ehepaar Ende Vierzig, wobei er ganz den erfahrenen Extremwanderer herauskehrt und uns fachkundig sein Schweizer Springmesser zeigt, während sie nach außen hin zurückhaltender ist, ihren Mann lächelnd seine Show abziehen lässt und nur manchmal eine spitze Bemerkung abschießt, die klar macht, wer von den beiden letztlich die Hosen anhat. Beim gemeinsamen Abendessen outen sich die beiden als echte Naturfreaks, die seit Jahren immer wieder auf den Jakobswegen unterwegs sind. „C'est un virus!", es ist ein Virus, eine Droge, sagen sie.

Ein Gespräch mit *grand-père*, dem Großvater

Tags darauf trennen sich unsere Wege: Die beiden Naturliebhaber ziehen samt Eseln weiter nach Norden, während Saquina und ich beginnen, in das sechshundert Meter tiefer gelegene Le Puy hinabzusteigen. Das Klima wird spürbar milder; das Ausmaß der Hilfsbereitschaft in den verstreut auf dem Weg liegenden Dörfern übersteigt alle Grenzen. Man schenkt uns Obst und Wasser, lädt uns zum Essen ein, wünscht uns Glück und erklärt uns die Funktionsweise alter Holzöfen. Kurz vor Le Puy machen wir Rast in dem Dörfchen *St. Julien Chapteuil* und treffen auf einen alten Mann (im Folgenden *grand-père*, Großvater, genannt), an dessen Lebensgeschichte wir nicht so schnell vorbeikommen. Ich übersetze:

S: „Willst du dir wirklich ein Eis kaufen? Ich dachte, du hättest gerade zwei davon gegessen.“

I: „Zwei erst? Ich halte mich eben heute zurück. Außerdem komme ich aus einem kalten Land und muss mich innerlich gegen die Hitze wappnen.“

[Auftritt *grand-père* (GP)]

GP: „Hier kommen nur selten so junge Leute wie Sie beide vorbei. Wo kommen Sie denn her?“

S & I: [erzählen unsere Geschichte, vgl. S. 7-45 in diesem Buch]

GP: „Früher wollte ich auch immer den Jakobsweg entlang gehen. Ich hab sogar einen Artikel darüber verfasst, der in *Le monde* veröffentlicht wurde.“

S: …?

I: …?

GP:	„Ja, ich bin ganz schön herumgekommen; auch in Deutschland war ich oft, junger Mann."
S:	…?
I:	…?
GP:	„Aber dann bin ich vom Journalismus zu *France Telecom* gewechselt. Die habe ich hier in der Gegend groß gemacht, das sag' ich euch!"
S:	…?
I:	„Sag mal, warum duzt der uns denn plötzlich? Darf ich das jetzt auch?"
S:	„Keine Ahnung."
I:	„Ist das so eine Art Forrest Gump, oder was?"
S:	„Wer ist denn Forrest Gump?"
GP	[zeigt, unergründlich lächelnd, auf das Gebäude hinter uns]: „Das da gehört mir. Ist ne uralte Bar aus dem Jahr 1908. Vor zwanzig Jahren haben wir dichtgemacht, und alles ist genau so geblieben wie am letzten Öffnungstag. Das Haus ist eine Antiquität, eine Schatztruhe. Wollt ihr mal nen Blick rein werfen?"
S:	„Also, eigentlich sind wir …"
I:	„Na klar, gerne! So eine Gelegenheit bekommt man nicht alle Tage."
GP	[schließt die Tür auf und schenkt sich und mir einen Whiskey ein]: „Saquina, darf ich Ihnen auch einen Whiskey anbieten?"
S:	[leise]: „Er scheint anzunehmen, dass grundsätzlich alle Männer Alkohol mögen."
GP	[bekommt leuchtende Augen, was nicht nur an den ersten drei Gläsern Whiskey liegt]: „Und dort hinten ist meine Sammlung alter Telefone. Ich habe sie alle aufbewahrt; dreißig Jahre lang habe ich für die Telekom gearbeitet." [erklärt uns die Funktionsweise alter Telefone, was uns

natürlich nicht die Bohne interessiert. Aber von der Zärtlichkeit in seiner Stimme sind wir fasziniert; es ist, als würde er von seinen Enkeln sprechen. Dann weist er auf ein vergilbtes Foto an der Wand.] „Das ist meine Frau. Es ist das einzige Foto in diesem Raum, alle anderen habe ich abgehängt. Vor einem Jahr und zweiundzwanzig Tagen ist sie gestorben, Krebs. Ich denke jeden Tag an sie."

S: ...?

I: ...?

GP [betrachtet das Foto mit unendlicher Sanftheit]: „Ich möchte euch um einen Gefallen bitten. Bitte sprecht in Santiago oder auf eurem Weg ein kleines Gebet für sie und für mich. Hier sind unsere Vornamen. [schreibt sie auf einen Zettel, den er mir reicht] Würdet ihr das für uns tun?"

S & I [blicken ihm verlegen ins Gesicht]: „Wir versprechen es."

Plötzlich hat das so locker begonnene Gespräch eine ernste Wendung genommen. Wir bleiben nicht ungerührt von der Lebensgeschichte des ‚Großvaters', von seiner Haltung, seiner trotz Rückschläge und Wechsel ungebrochenen Freundlichkeit und der über den Tod hinausreichenden Liebe zu seiner Frau. Nachdenklich und schweigsam machen wir uns auf den Weiterweg nach Le Puy.

Erst auf dem Hügel Montjoie, dem ‚Berg der Freude', der diesen pathetischen Namen trägt, weil man hier zum ersten Mal die berühmte französische Pilgerstadt sieht, gewinnen unsere gewohnte Lebenslust und unser Leichtsinn langsam wieder die Oberhand über das nachdenkliche Schweigen. Auf dem Gipfelkreuz des Montjoie ist die alte lateinische Aufmunterung eingraviert, die uns in Frankreich allerorten zugerufen wird: ,*Ultreia!*' bedeutet soviel wie ,weiter', im doppelten Wortsinn. In Spanien wird ,*Ultreia!*' zumeist abgelöst durch das Wort ,*Ánimo!*', was am ehesten mit ,Mut' oder ,Wille' übersetzt werden kann, aber in erster Linie eine Zustandsbeschreibung ist.

Le Puy

In Le Puy erleben wir erneut, dass die Ereignisse auf dem Jakobsweg nicht planbar sind, und dass gerade darin der Reiz dieses Pilgerwegs besteht, weil die wirklich schönen Dinge immer spontan und unangemeldet auftauchen. Auf dem Campingplatz teilt uns der Eigentümer, ein junger, breitschultriger Holländer mit hellblonden zerzausten Haaren und einem unerschrockenen Blick, zunächst mit, dass wir ohne ein Zelt nicht auf dem Platz übernachten können. Unter Zuhilfenahme von Saquinas Augenaufschlägen und unserer Überredungskunst, wobei ich meinen Exotenbonus (von Konstanz hierher gelaufen!) skrupellos in die Waagschale werfe, fällt ihm jedoch ein, dass er seinen eigenen Wohnwagen, der direkt neben dem Eingang auf dem Campingplatz steht, zur Zeit nicht benötigt. Spontan bietet er uns an, dort die geplanten zwei Nächte zu verbringen. So finden wir unvermittelt ein für unsere Begriffe fürstliches Quartier inklusive Küche, Bett und Teppichen vor, während wir noch vor wenigen Minuten dachten, die Nacht im Freien verbringen zu müssen.

Le Puy weist zwar nur etwa 20.000 Einwohner auf, ist aber die Hauptstadt des Departements Haute-Loire, das zur Region Auvergne gehört. Die Stadt duckt sich auf 650 Meter NN in einen Talkessel, umgeben von den spektakulären Vulkangipfeln des Velay, und ist vor allem aus zwei Gründen über Frankreich hinaus bekannt. Der erste Grund ist dunkelgrün und äußerst vitaminreich: Den *lentilles*, den Linsen des Velay, die es teilweise bis in die Gourmetrestaurants von New York geschafft haben, ist hier ein eigenes Museum gewidmet. In einer kleinen Bar versuchen wir diese kulinarische Spezialität zusammen mit einem Cassoulet. Aus der anschließenden intensiven Diskussion über die Unterschiede zwischen einem Cappuccino und einem Café Liégeois, bei der die Meinungen zwischen Saquina und mir, dem Barbesitzer, einer Kellnerin und zwei weiteren Lokalgästen weit auseinander gehen, entwickelt sich eine lockere Unterhaltung über die wirtschaftliche Lage in Europa, die Kulturen Afrikas, den Jakobsweg und die Rolle Le Puys bei alldem. Mit seinen Ansichten tritt der Barbesitzer bei Saquina in jedes nur erdenkliche Fettnäpfchen, bringt seine Argumente jedoch mit einer dermaßen selbstverständlichen Herzlichkeit und einem treuen Blick vor, in dem immer wieder der Schalk aufblitzt, dass wir diesem Charme nicht widerstehen können; wir biegen uns vor Lachen.

Zweieinhalb Stunden später sagen wir unseren neuen Freunden vorerst Lebewohl, da wir uns noch in der Stadt umschauen wollen. Die Trennung fällt uns nicht leicht: Mein Französisch wird wiederholt gelobt, Saquina wird freundlich, aber nachdrücklich, zur Herausgabe ihrer Adresse aufgefordert. Am Ende sagen wir zu, in St.-Jean-Pied-de-Port eine Postkarte an alle Diskutanten zu schicken. Gestärkt und in bester Laune verlassen wir die kleine Bar und machen uns daran, den zweiten Grund zu erkunden, für den Le Puy europaweit bekannt ist: Jedes Jahr kommen über eine Million Pilger, und die Stadt hat dem christlichen Glauben Denkmäler gesetzt. Auf einer Bergspitze, die sich mitten in der Stadt in den Himmel schraubt, wacht eine 16 Meter hohe und über 110 Tonnen schwere begehbare Madonnenstatue über die Stadt. Und auf der ‚Nadel‘, einer riesigen Felsspitze im Norden von Le Puy, steigt man 220 Stufen zur Kapelle *Saint-Michel-d'Aiguilhe* hinauf, von wo man einen Rundumblick auf die Altstadt und die Berge des Velay genießt. Von den Fenstern der massiv gegen den Wind gelehnten Kapelle fällt der Blick Dutzende von Meter senkrecht die Steilwände hinab. *Saint-Michel-d'Aiguilhe* sorgt für Adrenalinschübe; gleichzeitig offenbart sich durch diese Kapelle auch ein typisches Merkmal okzidentalen Denkens: Man will sich, der christlichen Tradition folgend, die ‚Erde untertan machen‘ – ganz im Gegensatz etwa zum zyklischen Denken in vielen asiatischen Ländern. Kein buddhistischer Baumeister käme wohl auf die Idee, eine Kirche auf einem spitz zulaufenden Vulkan zu errichten und damit ein weithin sichtbares Zeichen menschlicher Überlegenheit über die Natur zu kreieren. Denn die meisten östlichen Traditionen sehen den Menschen weniger als Meister als vielmehr als Teil seiner Umgebung und definieren Weisheit zumeist als Handeln im Einklang mit den vorhandenen Gegebenheiten.

Wieder einmal scheint uns das Glück mitten ins Gesicht: Wir können das Feuerwerk des diesjährigen 14.
Juli, des französischen Nationalfeiertags zum Andenken
an den Sturm auf die Bastille, der wiederum die Revolu-
tion von 1789 einleitete, in Le Puy erleben, dem ersten
großen Etappenziel meiner Reise, mit einer bis ins Mittelalter zurückreichenden Pilgertradition.

Noch 1.600 Kilometer bis Santiago de Compostela.

Via Podiensis

Traditioneller Trotz und die
Rebellen des Südens

«*Ici prend naissance la «Via Podiensis», grande route du Pèlerinage de St.-Jacques-de-Compostelle*» ('Hier beginnt die 'Via Podiensis', ein Hauptpilgerweg zum Heiligen Jakobus von Compostela'), belehrt uns eine Eisentafel am Ortsausgang von Le Puy. Von nun an werde ich den berühmten Wanderweg entlanggehen, der die beiden Wallfahrtsorte Le Puy und Santiago verbindet, seit im elften Jahrhundert der Bischof Gothescalk als erster christlicher Würdenträger die 1.600 Kilometer zurückgelegt hat. Der Sommer zeigt sich freigiebig und gibt uns eine Extrarunde Sonne aus, die die Landschaft mit einem intensiven Licht bemalt, ein Lächeln auf unsere Lippen trägt und dafür sorgt, dass es heiß ist. Wirklich heiß. Es ist so heiß, dass der Asphalt auf den Straßen schmilzt und meine Wanderstöcke Löcher im Boden hinterlassen. Entsprechend verschwitzt treffen wir zwei Stunden nach unserem Aufbruch von Le Puy auf Floriane, ein junges Mädchen mit tiefschwarzen Haaren und großen, vertrauensvollen Augen, das in einem kleinen Holzstand steht und vorbeikommenden Pilgern das schenkt, was sie angesichts der heutigen Hitze am nötigsten brauchen: Wasser. Sie ist eine freiwillige Helferin der Jakobswegwanderer und träumt davon, eines Tages selbst aufzubrechen, seit sie einen Pilger erlebt hat, der sich auf seinem Rückweg von Santiago an sie erinnert hat. Seitdem hat sie mehrmals erfahren, dass junge Leute als Kilometerfresser, als Adrenalinjunkies loslaufen, getrieben von dem

Wunsch, am Abend 50 Kilometer weiter südwestlich ihr Lager aufzuschlagen, und unterwegs merken sie, dass es gar nicht darauf ankommt, besser als die anderen zu sein.

In voller Montur: Schnappschuss in Südfrankreich

Der Wettlauf um Anerkennung weicht nach und nach einer inneren Sicherheit. „Ils reviennent sages", sie kehren weise zurück, sagt Floriane.

Sie hat Recht. Die Gründe für Jakobspilger, sich auf den Weg zu machen, sind so vielfältig wie die Menschen selbst. Viele sehen den Weg als sportliche Herausforderung, andere wollen ein paar Wochen mit Freunden verbringen. Manche gehen spontan los, weil ihr Leben eine unerwartete Wendung genommen hat, wieder andere planen den Weg wochenlang im Voraus. Einige tauschen ihren Alltag gegen einige Wochen Wanderschaft ein, nachdem sie einen Jakobsweg-Artikel in der Zeitung oder den Bestseller von Paulo Coelho gelesen haben, viele treibt die Abenteuerlust Richtung Santiago; nur eine Minderheit ist vorrangig aus religiöser Überzeugung unterwegs. Beinahe alle aber verändern sich auf dem Weg. Ihr Handeln orientiert sich nach und nach nicht mehr daran, was andere von ihnen erwarten, erhoffen oder befürchten, sondern an den Stimmen in ihrem Inneren, wodurch sie an Stärke und an Unabhängigkeit gewinnen. Die schönsten Momente ergeben sich oft gerade dann, wenn man zu Umwegen gezwungen ist und sich Zeit nehmen muss, um mit den Menschen zu sprechen. Der Jakobsweg flüstert Wahrheiten, teilt Erfahrungen mit, wenn man genau hinhört, und vielleicht besteht die Weisheit darin, den Weg in jedem Moment abbrechen zu können, nachdem man diesen inneren Wechsel erlebt hat, ohne sich darüber zu ärgern, nicht nach Santiago gelangt zu sein.

Pierre

Wir verabschieden uns von Floriane und setzen unseren Weg nachdenklich fort, als in einem Waldstück ein Wanderer zu uns stößt, der uns im Verlauf des

Weges nachhaltig beeinflussen und beeindrucken wird. Pierre, ein Musiklehrer aus Annecy an der französisch-schweizerischen Grenze, vereint auf den ersten Blick die Eigenschaften, die ich einem typischen Franzosen unterstelle. Er ist feinfühlig, redegewandt und verfügt über einen subtilen Humor; er erkennt die Geschmacksnuancen der verschiedensten Weinsorten, verfügt über eine gute Portion gegenwartsbezogenem *savoir vivre* und hat neben seiner hedonistischen auch eine künstlerische Ader, die sich in seiner poetischen Ausdrucksweise, seiner Kennerschaft der Werke vieler Autoren und seiner Passion für Musik manifestiert. Pierre ist der Bewegungstyp *Flaneur*: Mit leichten, kleinen Schritten geht er vorwärts und hebt dabei die Füße kaum vom Boden, was ihm vor allem bei den Aufstiegen zugute kommt, mit denen Saquina und ich deutlich mehr zu kämpfen haben als er. Durch seine effizienten Bewegungen erweckt er zuweilen den Anschein, als würde er gemütlich an Schaufenstern vorbeibummeln, oder als würde er von einer dieser waagrechten Rolltreppen vorwärts geschoben, die man auf großen Flughäfen vorfindet. Zu dritt gehen wir heute weiter bis Saugues, wo wir spät abends ankommen und nach einem Abendessen, das einmal mehr an eine ausschweifende Orgie erinnert, bis zwei Uhr nachts zusammen sitzen. Die Stimmung ist bestens: Wir nehmen uns gegenseitig auf die Schippe, tauschen die Erlebnisse auf unseren bisherigen Wegen aus, necken uns liebevoll und machen uns gegenseitig mit der hiesigen Legende der ‚Bestie des Gévaudan' vertraut, die wir uns immer blutiger ausmalen.

Die ‚Bestie des Gévaudan'

Am 30. Juni 1764 wird die 14 Jahre alte Jeanne Boulet mit durchgebissener Kehle aufgefunden; Tage später berichten mehrere Bauern der Region um Saugues von einem riesigen Wolf, der um ihre Herden streicht. Kurz darauf sterben zwei weitere Mädchen. Ein Muster wird erkennbar: Die Opfer sind die Schwächsten der Gesellschaft und alle Morde geschehen innerhalb einer Region, die von der Größe her das Jagdgebiet eines Wolfes sein kann. In den kommenden Monaten werden weitere Frauen und Kinder getötet. Die Bevölkerung bekommt Angst, erste Legenden einer riesigen Hyäne, gar eines Werwolfs, machen die Runde. Da die ‚Bestie des Gévaudan' für Schrecken weit über das Gebiet der Auvergne hinaus sorgt, sieht sich König Ludwig XV verpflichtet, dem Morden Einhalt zu gebieten, indem er einen Jagdtrupp aussendet, über 1.000 Mann, die die Bestie erlegen sollen. Mehrmals präsentieren Jäger die Überreste eines großen Wolfes, doch immer geht das Morden bereits wenige Wochen später weiter. Zweieinhalb Jahre lang entgeht die Bestie allen Fallen der besten Jäger Frankreichs und reißt insgesamt 82 Frauen und Kinder in den Tod, bis Jean Chastel, ein alter Bauer aus der Region, schließlich am 19. Juni 1767 in Saugues einen riesigen Wolf erlegt und die Morde ein jähes Ende finden. Der Menschenfresser des Gévaudan hat Schriftsteller, Wissenschaftler und Filmemacher aus ganz Europa inspiriert und ist eine der bekanntesten Legenden Frankreichs geworden. Mehrere Brunnen der Region zeigen die Bestie in Stein gemeißelt, und auf der Kirche von Saugues blickt ein Wolf aus Granit auf die Gegend des Gévaudan herab, die drei Jahre lang das Jagdgebiet eines Menschenfressers war.

Auf den kargen Höhenwegen des Aubrac

Kurz nach Saugues breitet sich das Hochland des Aubrac vor uns aus. Eine karge, an die schottischen Highlands erinnernde Landschaft erstreckt sich bis zum Horizont, und eine frische Brise mischt sich mit den Sonnenstrahlen, die auch heute ungefiltert auf den Boden prallen, ohne von der weichen Barriere einer Wolke aufgehalten zu werden. Mehrmals kreuzen wir querfeldein die Weideflächen der hier ansässigen Aubrac-Rinder, die über beeindruckende, in weitem Bogen nach vorne geschwungene Hörner verfügen und als widerstandsfähig, genügsam und äußerst wohlschmeckend gelten. Das Hochland des Aubrac ist ein Paradebeispiel für den Erfolg der in den 80er Jahren unter Mitterand vorangetriebenen Dezentralisierung Frankreichs: Galt sie bis zu jener Zeit noch als verarmt und verwaist, hat sich die Aubrac-Region inzwischen dank neu angesiedelter Manufakturen und einem durchdachten Tourismuskonzept zu einem erfolgreichen Wirtschaftsraum gemausert. Gleichzeitig besinnen sich ihre Bewohner immer stärker der alten Traditionen, bereiten die nahrhafte Kartoffel-Käse-Mischung *Aligot* wieder in den eigens hierfür vorgesehenen Hütten zu und pflegen ihr *Occitan*, ehemals die Sprache der französischen Troubadoure.

Der gestrige Gewaltmarsch von Le Puy nach Saugues steckt uns allen noch in den Knochen. Pierre kämpft zudem gegen mehrere Blasen, die ihm bei jedem Schritt schmerzen und entscheidet sich gegen Mittag, Saquina und mich ziehen zu lassen und zwei Stationen vor unserem eigentlichen Ziel Halt zu machen.

Mit gemischten Gefühlen gehen wir weiter: Bereits in der kurzen Zeit unserer gemeinsamen Wanderung haben wir Pierre ins Herz geschlossen. Durch seinen spontanen Humor und seine vielseitigen Kenntnisse hat er uns in den vergangenen 24 Stunden viele schöne Momente geschenkt, dank denen wir gar nicht bemerkt haben, wie die Zeit verging. Noch ahnen wir nicht, dass wir uns schon sehr bald wieder sehen werden, und dass unsere Gruppe zudem auf äußerst sympathische Weise noch erweitert werden würde.

Ein Viperangriff in Südfrankreich

Espalion gilt als ‚*les portes du midi*‘, die ‚Pforten zu Südfrankreich‘, und tatsächlich treffen wir immer häufiger auf eine mediterrane Mentalität: Die Mittagspause der Läden zieht sich mancherorts bis 17 Uhr hin, und in der kommunalen Herberge kurz vor Nasbinals erklärt man uns, dass sie leider immer dann telefonisch nicht zu erreichen sei, wenn der Bruder des Besitzers gerade im Internet surft. Kurz darauf treffen wir auf einen weiteren Bewohner des Südens: Vertieft in ein Gespräch merke ich erst im letzten Moment, wie sich unter mir etwas bewegt und entdecke zu meinem Entsetzen eine Viper, die ihren Körper angriffslustig zu einem S formt, ein einziger Muskelstrang, und mir mit erstaunlich lauten Zischlauten klar macht, dass die Anwesenheit eines Pilgers hier in ihrem Revier unerwünscht ist. Hin und her gerissen zwischen meiner Angst und dem widersinnigen Wunsch, dieses Wesen näher zu erforschen – die Viper strömt eine eigentümliche Faszination aus, die mit der Neugier auf Fremdes in mir geradezu perfekt korrespondiert – fälle ich nach einigen Sekunden des Abwägens die vorbehaltlos als vernünftig einzuordnende Entscheidung, mich vorsichtig zurückzuziehen. Trotzdem schnellt der Körper der Schlange plötzlich vor, als ich gerade meinen Fuß wegziehe, und verfehlt meinen Schuh nur um Haaresbreite. Noch während ich mich mit einem Satz in Sicherheit bringe, bin ich nachdrücklich beeindruckt von der Schnelligkeit, mit der das alles geschieht. Als die Viper zustößt, habe ich ihre Bewegung nicht einmal realisiert, so schnell hat ihr Kopf den Weg bis kurz neben meinen Fuß zurückgelegt. Ein ansatzloses Vorschnellen und Zuschlagen im Bruchteil einer Sekunde, wie wenn eine französische Ampel plötzlich von Rot auf Grün umspringt, und zwischen diesen beiden Momenten geschieht etwas, das für menschliche Maßstäbe zu schnell passiert, um wahrgenommen zu werden.

Zehn Zeilen Gesellschaftskritik

In gewisser Weise entspricht das Pilgern auf dem Jakobsweg gelebtem Existenzialismus. Denn wenn wir unterwegs sind, empfinden wir uns als in die Welt geworfen, als zurückgeworfen auf uns selbst, und wir sind es, die den Weg wählen. Durch unsere Entscheidungen kreieren wir für unser Leben einen Sinn, und nirgendwo sonst meldet sich die Einsicht so lautstark, diese innere Stimme, die uns zuruft, dass wir dazu verurteilt sind, frei zu sein. Indem wir auf das unnötige Beiwerk verzichten, das uns die Wohlstandsgesellschaft als unentbehrlich vorgaukelt, konzentrieren wir uns auf das, was wirklich wesentlich ist.

Über Estaing, das dank seiner imposanten Burg und seiner idyllischen Lage an einem kleinen Fluss als eines der zehn schönsten Dörfer Frankreichs gilt und entgegen einer offiziell verbreiteten Version nichts mit Valéry Giscard d'Estaing, dem französischen Staatspräsidenten von 1974 bis 1981, zu tun hat, gelangen Saquina und ich heute nach Golinhac. In der dortigen Pilgerhütte ist nur noch ein Bett frei, aber der für die Platzvergabe zuständige Angestellte, ein durchtrainierter 25-Jähriger mit Rastazöpfen und strahlend blauen Augen, lässt extra für mich zwei Matratzen vom Nachbarort herbeischaffen. Der Platz auf dem Boden des Flurs ist mir sowieso lieber als ein Bett im überfüllten Schlafsaal. Bis spät in die Nacht schreibe ich im Schein einer Straßenlaterne Notizen auf Schmierzettel, versuche zu konservieren, was mir wichtig erscheint, die Momente, die mich überrascht haben, durch die Zeiten zu tragen und zu bündeln, was mich beeindruckt hat.

Die Situation in Golinhac weist auf einen Missstand hin, mit dem viele Jakobswegwanderer in Frankreich zu kämpfen haben. Im Gegensatz zu Spanien sind die entsprechenden Herbergen hier nämlich nicht ausschließlich für Pilger reserviert. Stattdessen nehmen vielerorts motorisierte Touristen die Chance wahr, eine günstige Übernachtung in einer der raren Unterkünfte zu verbringen und zwingen die Pilger nicht selten dazu, nach vierzig Kilometern Fußmarsch noch einen Umweg zu machen oder eine Nacht im Freien zu verbringen. Auf der anderen Seite verhalten sich einige Pilger ebenfalls alles andere als bescheiden. Was ein Jakobswegwanderer erwarten kann, ist ein Dach über dem Kopf, Schutz vor der

Kälte der Nacht und gegebenenfalls vor schlechtem Wetter, nicht aber ein Rundum-Service ohne Aufpreis. Dies nicht nur einzusehen, sondern als Chance wahrzunehmen, aus seinen Gewohnheiten und der Bequemlichkeit seines Alltags ausbrechen zu können, ist eine Grundvoraussetzung für echtes Pilgern. Nicht die Askese, wohl aber die Bescheidenheit ist darum ein unentbehrlicher Bestandteil jeder Pilgerschaft, egal wohin die Reise geht.

Zehn Zeilen Sanftmut

In gewisser Weise entspricht das Pilgern auf dem Jakobsweg gelebtem Buddhismus. Indem man auf die tägliche Dosis Luxus verzichtet, wird man innerlich unabhängig. Indem man seine Bedürfnisse versucht zu kontrollieren, erfährt man mehr über ihre Beschaffenheit. Und erst indem man aufhört, sich selbst im Weg zu stehen, indem man anfängt, sich selbst zu begreifen, ist man offen für echtes Mitgefühl und diese leichte, fast schon schwebende Sanftheit, die schon immer in uns gewesen ist, und die in dem Lächeln und den Bewegungen buddhistischer Meister so rein und selbstverständlich nach außen tritt.

Erst nachdem ich einige Wochen unterwegs gewesen bin, empfinde ich zum Beispiel ein Stück Brot als das, was es wirklich ist: ein Geschenk. Ich habe ja keine Ahnung gehabt, wie viele einzelne Geschmacksnuancen in einem Stück frischen Bauernbrot enthalten sind: Es fängt fast süßlich an, wenn die Mehlschicht auf der Brotrinde auf die Geschmacksknospen der Zunge trifft, entfaltet dann einen herzhaft-würzigen Geschmack im Mund und hinterlässt am Ende eine angenehm säuerliche Ahnung im hinteren Teil des

Gaumens. An ein solches Brot, belegt mit einer hausgemachten Wurst oder einem frischen Landkäse, das alles in der atemberaubenden Landschaft Südfrankreichs, in der einem ständig eine frische Brise um die Nase streicht, die bereits die nahende Atlantikküste ankündigt, kommt kein Vier-Sterne-Menü im teuersten Luxusrestaurant heran. Diese leichten, fast schwebenden Momente sind es, die manchmal ein Gefühl tiefer Zufriedenheit hervorrufen, verbunden mit der Einsicht, dass man in diesem Moment Teil von etwas Größerem ist, dass man aufgehoben ist, und dass das Leben so ist wie es sein muss, dass es weder gut noch schlecht, sondern einfach nur da ist. Und dass wir es sind, die den Zugang dazu mit Ängsten und Nöten verstellen und mit künstlich hervorgerufenen Bedürfnissen verbarrikadieren. Kurz: In solchen Momenten empfinde ich in großem Ausmaß das, was man landläufig als Glück bezeichnet.

Auf der anderen Seite ist der Jakobsweg auch ein Weg der Exzesse, der Rekordversuche und des Narzissmus. Heißblütige junge Männer muten sich am ersten Tag 65 Kilometer zu und sind erstaunt, dass sie anschließend aufgrund der Schmerzen drei Tage pausieren müssen, alte Damen tragen ihr Lieblingstier durch die sengende Hitze Nordspaniens, und einige Aussteiger gehen den Weg durchweg barfuß. Manche gehen auf der Jagd nach Rekorden fast nie auf dem Jakobsweg, sondern folgen dem Verlauf großer Straßen und nehmen dabei den Lärm und die Abgase des Autoverkehrs auf sich, nur um schneller das Tagesziel zu erreichen. Andere, darunter religiöse Eiferer und Puristen, weigern sich, einen anderen Weg als den ursprünglichen zu nehmen. Bekannt ist die Geschichte eines alten Pilgers, der einem verdutzten Floßführer seinen Rucksack zur Übersetzung in die Hand drückte und dann neben

*dem Floß ins Wasser sprang – um nicht auf ein Hilfsmittel
zurückzugreifen, das vor Hunderten von Jahren an dieser
Stelle vielleicht nicht zur Verfügung stand.*

Von den Aufwinden umschmeichelt

Conques ist ein kleiner Wallfahrtsort in unvergleichlicher Lage: Von den Aufwinden umschmeichelt balanciert es trotzig am Rande eines Abgrunds und bietet seinen Besuchern einen Blick auf die umliegenden bewaldeten Steilhänge, der einem den Atem nimmt. Conques präsentiert uns seine kopfsteingepflasterten Gassen wie Juwele und empfängt uns mit eincr Armada traditionsreicher Bauwerke, deren Geschichte bis ins Mittelalter zurückreicht. Im imposantesten davon, dem Kloster, finden wir heute Zuflucht. Man hätte keinen besseren Ort finden können, um ein Kloster zu bauen: Durch die Fenster blickt man direkt in die Hunderte Meter tiefer gelegene Talmulde, während sich über einem der Himmel farbenreich bis in die Unendlichkeit streckt, und in diesem Zwischenreich fühlt man sich zuweilen seltsam schwebend, seltsam aufgehoben. Vielleicht gibt es keinen Ort, der unser Menschsein so gut zusammenfasst wie dieses Kloster, ob wir nun ‚eines Schatten Traum' (Pindar), ‚Bürger zweier Welten' (Schiller), ‚Herakles am Scheidewege' (Prodikos) oder ‚ein unselig Mittelding von Engeln und von Vieh' (Platon) sind.

Wie im Bilderbuch: Ankunft in Conques

In Conques treffen wir auch Pierre wieder: Auf einmal ist er da und klopft uns auf die Schulter, während wir ihn ungläubig anstarren, weil wir uns nicht vorstellen können, wie er mit seinen Blasen so schnell bis hierher gekommen ist. „Ich wollte euch wieder sehen", erklärt er mit leuchtenden Augen und sorgt damit für eine wohlige Gänsehaut bei Saquina und mir.

Gemeinsam besuchen wir am Abend die Pilgermesse, die mir allerdings etwas eingeschlafen vorkommt: Mönche singen bedächtige Choräle, mit zitternder Stimme liest ein alter Mann Ausschnitte aus der Bibel, man wünscht uns in verschiedenen Sprachen Glück und will uns Kraft spenden, aber all das geschieht mit einer seltsamen Zurückhaltung und einer gewissen Behäbigkeit. Offensichtlich ist die Messe auf Kirchgänger jenseits der siebzig zugeschnitten, aus denen die Mehrheit des Publikums besteht. In Conques wusste ich noch nicht, dass die Messe in den nordspanischen Kirchen weitaus ergreifender werden würde, von Santiago ganz zu schweigen. Auch wenn meine Vorbehalte gegen die Kirche, unter der ich mir aufgrund meiner Erfahrungen in Deutschland in erster Linie einen eingeschlafenen Altherrenverein vorstelle, vorerst in Conques bestätigt wurden.

Rebellion auf beiden Seiten der Pyrenäen

Die Erfahrung der lethargischen Pilgermesse in Conques wird allerdings mehr als wettgemacht durch die Gegend, in die wir drei, Saquina, Pierre und ich, jetzt gelangen. Südfrankreich, le midi: Diese Region zwischen Biarritz und Montpellier lockt jährlich zigtausende sonnenhungrige Touristen an; Franzosen, die das Schmuddelwetter in Paris, Nancy, Le Havre oder Rennes für ein paar Wochen gegen die Leichtigkeit des Südens tauschen wollen, Deutsche, die in den Sommermonaten die Strände der Côte d'Azur bevölkern, Surfer, die sich in die tosende Atlantikküste des Baskenlands werfen und Abenteurer, die, bewaffnet mit Steigeisen, dicken Jacken und zumeist ungenauen Karten, in den Pyrenäen unterwegs sind. Tatsächlich scheinen die rauen, regenreichen Pyrenäen, in denen das Wetter mehrmals täglich abrupt wechseln kann, mit der ungezähmten Wildnis der Hochebenen, über denen der Wintersturm manchmal Schneeflocken tanzen lässt, mit den unbezwungenen Steilwänden, die sich mit gezackten Felsformationen massiv gegen die Winde stemmen, und mit den aufmüpfigen Gipfelspitzen, die sich trotzig durch die Wolken schrauben, einen starken Einfluss auf die Menschen zwischen Atlantik und Mittelmeer auszuüben. Im Osten rebellieren die Katalanen gegen die Zentralgewalt in Madrid und weigern sich standhaft, Spanisch statt *Catalan* zu sprechen, indem sie unter anderem darauf verweisen, dass ihre Region *Cataluña* älter ist als Spanien. Im Westen konnten die Bewohner von *Euskadi*, dem Baskenland, dessen Sprache zusammen mit dem Finnisch-Ugrischen die älteste Europas ist, bereits Sonderrechte wie eine eigene Polizei und die Steuerhoheit für ihre Region durchsetzen. Dennoch unterstreichen einige Basken ihre Forderungen, die zwischen mehr Autonomie und der vollständigen Unabhängigkeit pendeln, zuweilen durch Anschläge und Attentate. Und in der Mitte befindet sich ein winziges Land ohne Flughafen und ohne eine eigene Armee, das eigentlich nur aus rauen Berghängen besteht, und in dem sich 70.000 Einwohner seit 1278 standhaft weigern, sich für eine Zugehörigkeit zu Frankreich oder Spanien zu entscheiden: Andorra.

Kurz: Das ist eine Region ganz nach meinem Geschmack! Was nochmals unterstrichen wird, als wir in dem kleinen Örtchen Aujols bei einem Rentnerehepaar übernachten, das äußerst skeptisch gegenüber der Zentralgewalt in Paris eingestellt ist, leidenschaftlich über Jacques Chirac und alle Staatspräsidenten vor ihm herzieht und sich als Verbündeter der Katalanen und der Basken sieht – ohnehin hätten sie weitaus mehr Gemeinsamkeiten mit den Menschen in der nordspanischen Region Navarra als mit einem Einwohner von Paris. An jenem Abend wird mir von Pierre erneut eindrucksvoll vor Augen geführt, was französische Lebenskunst beinhaltet. Das Abendessen beginnt nämlich mit einem hausgemachten Nudelsalat als Hors d'Oeuvre, der einen bereits satt macht, gefolgt von einem punktgenau gegrillten Lammkotelett, das außen knusprig und innen saftig ist, dazu gibt es frische Bohnen aus der Region. Mein deutscher Gaumen wäre an dieser Stelle bereits rundum zufrieden, doch Pierre erklärt mir geduldig, dass ohne eine der über 300 französischen Käsesorten kein Abendessen vollständig sein kann. Also rundet ein Ziegenkäse, mit einem Hauch Safransoße beträufelt, unser Festmahl ab, eine herzhaft-süße Mischung, der durch das ferne Gewürz, das als Ahnung, als Geschmacksnuance, beginnt und sich anschließend im hinteren Gaumenbereich sammelt, eine ganz besondere Note verliehen wird. Das Meisterwerk des Menüs ist jedoch der Wein, dessen Aroma sich zunächst herzhaft im Mund entfaltet und ein wohliges, warmes Gefühl bis in den Magen hinab auslöst, bis es sich schließlich im Mund in seine einzelnen Komponenten auflöst und im Abgang einen überraschend fruchtigen Geschmack von Waldbeeren am hinteren Gaumen zurücklässt, der noch mehrere Minuten nachwirkt. Ein Wunder der Komposition, fachmännisch erklärt von Pierre, dem Kenner, raffiniert und äußerst subtil, wie die Franzosen selbst, möchte man sagen. Jedenfalls scheinen die Bewohner dieser südfranzösischen Region nicht nur ihren eigenen Kopf zu haben und eine gesunde Distanz zum politischen Tagesgeschehen zu pflegen; sie entziehen sich zugleich einer allzu heftigen Umarmung aus Paris mithilfe eines charmanten Hedonismus, dem man sich nur schwer entziehen kann, und so langsam beginne ich Südfrankreich richtig zu mögen.

Mehr als einmal habe ich auf dem Weg erfahren, dass mein Wohlergehen von einer Kleinigkeit abhängt, von einer geöffneten Dorfbäckerei beispielsweise, und letztendlich sind es die Menschen, die diese alte Pilgerstraße lebendig machen. Die Apothekerin, die mit einem wissenden Lächeln Anti-Blasen-Pflaster verkauft, die einfachen Landbewohner, die mir Obst schenken, die Familie, die mich spontan in ihrem Haus übernachten lässt, die vielen Gespräche, durch die ich neue Seiten an mir entdecke und die Augenblicke, die mir Mut machen und mich meinen Weg fortsetzen lassen. Ohne die spontane Hilfsbereitschaft der Menschen zwischen Konstanz und Finis Terrae wäre ich niemals ans Ziel gelangt, und unterwegs habe ich Freundlichkeit und Respekt in einem Ausmaß erfahren, das mich oft nachdenklich gemacht hat. Wenn ich an die Situation zu Hause denke, an die grundsätzlich übel gelaunten Busfahrer in meiner derzeitigen Heimatstadt München, an die entsprechend mürrischen Fahrgäste und an die cholerischen Taxifahrer, die sich fünf Minuten lang aufregen können, wenn jemand bei Rot über die Ampel geht, frage ich mich, warum wir nicht ein kleines bisschen von dieser selbstverständlichen Leichtigkeit des Südens übernehmen können. Wann haben wir damit begonnen, uns in unsere technisch aufgemotzten Schneckenhäuser zurückzuziehen; wann haben wir die Neugier auf andere Menschen und alternative Lebensentwürfe verloren? Vielleicht sind wir mit unserem Individualismus über das Ziel hinausgeschossen, und jetzt müssen wir alle so frei und unabhängig leben, dass wir vor lauter Angst davor, irgend jemandem vielleicht ähnlich zu sein, nicht mehr wissen, was wir mit unserer Freiheit anfangen sollen.

Die Legende der Valentré-Brücke

Der erste Anblick von Cahors, Hauptstadt der Region Quercy, ist majestätisch. Von einer Anhöhe blickt man auf die Stadt, umrahmt von weitläufigen Feldern und Waldgebieten liegt Cahors direkt an einer Biegung des Flusses Lot. Eine Kleinstadt mit drei Brücken und einem mittelalterlichen Kloster, eine Ansammlung enger Gassen und Fußgängerzonen, 300 Tage im Jahr von der Sonne beschienen. Cahors scheint uns ein „Willkommen!" geradezu zuzurufen. Wir betreten die Stadt über die *Pont Valentré*, die berühmte Pilgerbrücke. Siebzig Jahre dauerte der Bau dieses Monuments, das uns sicher über den Lot führt. Auffällig an der *Pont Valentré* ist vor allem das Abbild eines steinernen Teufels, der versucht, einen Stein aus dem Ostturm der Brücke zu ziehen.

Blick auf die Valentré-Brücke von Cahors

Der Legende zufolge schloss der Bauherr der Brücke, da er fürchtete, sein Bauwerk zu Lebzeiten nicht mehr vollenden zu können, einen Pakt mit dem Teufel. Letzterer versprach, ihm bei den Arbeiten zu helfen und verlangte als Gegenleistung nach Abschluss der Arbeiten – wie könnte es anders sein – die Seele des Bauherrn. Diese Sache mit der Seele scheint so etwas wie eine Marotte Satans zu sein, ein echter Evergreen, fast schon eine Art Seelenfetisch. Wie dem auch sei. Jedenfalls forderte der findige Bauherr kurz vor Abschluss der Bauarbeiten seinen Gegenpart dazu auf, Wasser in einem Sieb für die Bauarbeiter heranzuholen, was diesem natürlich nicht gelang. Damit galt der Pakt als gebrochen. Um sich zu rächen schlug der Teufel jeden Tag aufs Neue die Spitze des Ostturms ab – bis ein späterer Bauherr schließlich besagten Teufel aus Stein in das Bauwerk integrierte. Seitdem glaubt der Teufel, dass bereits ein Dämon dabei sei, das Bauwerk zu zerstören und legt keine Hand mehr an die Brücke.

Außer an leichtgläubige Dämonen und findige Bauherren scheinen die Einwohner von Cahors auch an die christliche Heilslehre zu glauben; jedenfalls haben sie dem Katholizismus durch eine monumentale Kathedrale im Herzen der Stadt ein bedeutendes Zeugnis gesetzt.Als wir uns als Jakobswegwanderer zu erkennen geben, erstattet man uns spontan das Eintrittsgeld zurück und wir erhalten eine ausgiebige und kenntnisreiche Führung, zu der auch eine Erklärung der Fresken von Cahors gehört, die teilweise beinahe expressionistisch anmutende Züge aufweisen – erstaunlich, wenn man bedenkt, dass sie vor über 500 Jahren entworfen wurden.

Festungen gegen die Sonne

Nach der ausgiebigen Führung beschließen wir, uns für ein paar Stunden zu trennen: Saquina entscheidet sich für ein Mittagsschläfchen, Pierre beschließt, einige längst fällige Postkarten zu schreiben, und ich lasse mich nach einem Abstecher ins örtliche Internet-Café durch die Fußgängerzonen von Cahors treiben. Wie bereits in den Gebirgsausläufern kurz vor Le Puy hat sich die Architektur auch in Cahors den klimatischen Bedingungen angepasst: Enge Gassen und hohe, dicht an dicht stehende Häuser halten einen Großteil der Mittagshitze ab, und selbst wenn die Sonne im Zenit steht, liegen viele Hinterhöfe fast vollständig im Schatten. Im Norden Spaniens wird sich das noch intensivieren, die Dörfer und Städte dort gleichen oftmals Festungen gegen die Sonne und Trutzburgen gegen die Hitze. Seit wir Espalion passiert haben, umgibt uns das Flair des Südens, zu dem auch eine spezifische, mir zuweilen fremde Vegetation gehört: Wir kommen an Feigenbäumen und Pfefferminzsträuchern vorbei, stürzen uns in wahre Obstorgien und essen die besten Pfirsiche, die ich jemals versucht habe: süßer als jede Schokolade, prall gefüllt mit Fruchtzucker, überreif und Energie spendend, die eine wahre Explosion der Endorphine, einen Schauer der Glücksgefühle in mir auslösen.

In der Jugendherberge von Cahors teilen wir das Zimmer mit einer jungen Französin, die ebenfalls auf dem Jakobsweg unterwegs ist. Schnell freunden wir uns mit ihr an, was uns nicht besonders schwer fällt: Laetitia hat einen offenen, neugierigen Blick, lacht gern und sehr erfrischend, argumentiert äußerst klug und kenntnisreich und bringt neuen Schwung in unsere Gruppe. Auf dem Weg nach Moissac, unserer nächsten Station, teilt sie zudem ihr Frühstück mit uns, wodurch wir endgültig zu einer Vierergruppe werden. Es herrscht eine ungezwungene, von gegenseitiger Zuneigung geprägte Stimmung. Viele unserer Ansichten stimmen überein, und manchmal habe ich das Gefühl, als würden wir vier im gleichen Rhythmus schwingen, als seien wir auf irgendeine Weise seelenverwandt. Ich muss meine drei Mitpilger nicht erst fragen, um zu wissen, dass es ihnen genauso geht, und die Intensität dieser Stimmung wirft uns alle fast aus der Bahn, so wuchtig und unmittelbar ist sie über uns gekommen. Laetitia ist der Bewegungstyp *Ballerina*: elegant und graziös schreitet sie voran, nur leicht unterstützt von einem Wanderstock, den sie in der rechten Hand hält, während ihre linke Fußspitze bei jedem Schritt leicht nach außen zeigt, was ihr manchmal den Anschein gibt, als tanze sie, und zuweilen muss ich den Wunsch unterdrücken, hinter ihr zu laufen, nur um das zu sehen. Sie ist der perfekte Gegenpart zu meiner Eigenart, mich mithilfe meiner beiden Skistöcke, die ich nach wie vor wild entschlossen in den Boden ramme, vorwärts zu schieben.

Im Land der Katharer

Der Süden Frankreichs war Ursprung der Katharer, einer christlichen Abspaltung, die bis heute die Mentalität vieler Menschen nördlich und südlich der Pyrenäen bis hinein nach Norditalien prägt. Während ihrer Blütezeit vom 12. bis zum 14. Jahrhundert setzte diese Bewegung die biblischen Gebote Armut, Bescheidenheit und Keuschheit resolut um. Ihr Name

*geht zurück auf das griechische Wort ‚Katharos', ‚die Reinen',
woher auch das mittlerweile eingedeutschte Wort 'Katharsis',
Läuterung, stammt. Die Katharer brachen mit den Hierar-
chien der katholischen Kirche, deren Angehörige einen feuda-
len, ausschweifenden Lebensstil pflegten, lehnten den Gedanken
des Papstes als Stellvertreter Gottes auf Erden ab und erlang-
ten schnell Beliebtheit über Südfrankreich hinaus. Zudem
setzten sie mehrere aus heutiger Sicht fortschrittlich wirkende
Prinzipien um: Beispielsweise durften Frauen in Religionsdin-
gen genauso tätig sein wie Männer. Im 14. Jahrhundert wurden die Katharer nach jahrelangem Widerstand von der katholischen Kirche, die um ihre Monopolstellung in Glaubensfragen
bangte, als 'Kattas', Ketzer, verfolgt und im Zuge der Inquisi-
tion vollständig ausgerottet. Alles Schriftgut wurde vernichtet,
und heute sind nur noch einige Burgen in Südfrankreich als
Zeugnis jener Kultur übrig geblieben. Trotzige, eigenwillige
Bauwerke, die kühn in die Felsen gehauen sind.*

Der Weg nach Miradoux

Im Kloster *le carmel* von Moissac werden wir mit einem Abendessen empfangen, das für alle anwesenden Pilger an einer langen Tafel serviert wird. Während des Essens sagt man uns mehrmals, dass man
den Eindruck hat, als würden wir vier uns schon seit
Jahren kennen, und viele sind überrascht, dass unsere
Konstellation gerade zwei Tage alt ist. Zusammen
durchstreifen wir das Kloster von Moissac, das von
der UNESCO als Weltkulturerbe klassifiziert wurde
und auf 116 Säulen über 30 Szenen aus der Bibel
darstellt, darunter das jeweilige Martyrium der zwölf
Apostel Jesu. Es ist das einzige Kloster aus dem 11.

Jahrhundert, das bis heute in seiner Gesamtheit erhalten geblieben ist.

Auf dem Weg von Moissac nach Miradoux verstärkt sich unser Gemeinschaftsgefühl noch. Pierre, der Musiklehrer, bringt uns einfache Kanons bei. Rhythmisch klatschend und unrhythmisch singend geben wir unsere neu erlernte Kunst anderen Jakobswegwanderern zum Besten. In Miradoux angekommen teilt Pierre uns allerdings mit, dass er vorerst allein weiterziehen möchte. Ich verstehe ihn: Manchmal erlebt man die Schönheit so intensiv, das Glück so geballt, dass man Gefahr läuft, aus der Bahn seines bisherigen Lebens geworfen zu werden, weggespült von den Emotionen eines Augenblicks.

Auf dem Jakobsweg sind die Gespräche mit anderen Menschen zugleich leicht und intensiv. Keiner kommt hier unverändert heraus, und am Ende trennt man die Personen, die einem etwas zu geben vermögen, schärfer von denen, die nur um sich selbst kreisen, von jenen also, die uns kennen, weil wir ihnen nutzen.

Bei Thérèse

Thérèse, die Herbergsmutter von Miradoux, ist ein Phänomen des Jakobswegs. Jeden Abend ist ihr Haus voll mit Wanderern, ohne dass sie dazu irgendeine Art von Werbung verbreitet. Stattdessen kann sie sich auf das ‚Pilgertelefon' verlassen, auf die Mund-zu-Mund-Propaganda der Pilger, und so erfährt man bereits zwei, drei Tage, bevor man in Miradoux ankommt, dass die Abende bei Thérèse lang, fröhlich und feucht sind, und dass man dort zusammen mit einem reichhaltigen Abendessen auch die alten Legenden des Jakobswegs und die aktuellen Neuigkeiten anderer Pilger serviert bekommt. Zu zehnt machen wir uns heute Abend über sechs Flaschen *Floc de Gascogne* her, ein Teufelszeug, das einem sofort die Zunge löst. Ihr werdet's erleben, wenn ihr mal bei Thérèse seid, und sagt bloß nicht, ich hätte euch nicht gewarnt. Unser kollektiver Absturz bahnte sich etwa folgendermaßen an:

„Noch ein Gläschen, mein deutscher Freund? Also, weißt du, diesen amerikanischen Außenminister, wie heißt er doch gleich, kann ich gar nicht leiden. Obwohl unser Herr Präsident auch nicht viel besser ist, wirklich auch nicht viel besser, diese Politiker aus Paris.“
„Kommst du eigentlich aus Südfrankreich?“
„Ja, aus der Nähe von Toulouse. Woher weißt du das?“
„Ich hatte so eine Ahnung …“

„… und dann bin ich den Weg von Pamplona aus nach Santiago gegangen, in dreieinhalb Wochen, ja, mein Herr, und unterwegs habe ich doch tatsächlich Jacques getroffen, ihr wisst schon, diesen Alten, der mit seinen beiden Maultieren umherzieht …“
„Waren das vorhin nicht noch drei Esel?“
„Esel, genau – und wenn schon! Jedenfalls habe ich Einiges erlebt damals, als ich von Pamplona aus losgezogen bin, in drei Wochen, sag' ich euch …“
„Ja, das wissen wir schon, Georges. Sag' mal, Thomas, wie kommt es eigentlich, dass du unsere Sprache so gut sprichst?“

„Ich hab' mal 'ne Zeit lang in Paris gelebt, Thérèse, da ist man gezwungen, gut Französisch zu sprechen, weil niemand Englisch oder Deutsch sprechen will."

„Na ja, wir sind manchmal etwas eigensinnig, was unsere Sprache betrifft. Wenn ich es mir recht überlege, sind wir in vielen Dingen etwas eigensinnig."

„Ich kann sogar ein paar Brocken Verlan: T'es complètement ouf, toi! Faites gaffe les moeufs, voilà les coeufs!"

„Hast du in Paris auch etwas Anständiges gelernt?"

„Schon, so nebenbei. Aber ihr seid schon ein komisches Volk, wisst ihr. Wenn ihr Essen geht, dann 'brecht ihr die Rinde' *[casser la croûte]*, und ihr werdet nicht ohnmächtig, sondern 'fallt in die Äpfel' *[tomber dans les pommes]*."

„Und weißt du auch, dass bei uns der Unterschied zwischen begrüßen *[se biser]* und vögeln *[se baiser]* nur aus einem einzigen Buchstaben besteht?"

„Georges, du sollst aufhören, unserem deutschen Gast so einen Blödsinn beizubringen! Erzähl lieber deine Geschichte von damals, als du von Pamplona aus losgezogen bist und in nur drei Wochen ..."

„Wie lange machst du das hier schon, Thérèse?"

„Seit ich in Rente bin; mein Haus steht nie leer. Ich bin noch viel zu rüstig, um meine Abende allein zu verbringen! Noch ein Gläschen?"

„Also, dieses Fro ..., dieser Floc is' echt nicht zu verachten ..."

„Eine Spezialmischung; ich hab' 'nen ganzen Haufen davon."

An die Fortsetzung des Gesprächs erinnere ich mich nicht mehr besonders gut. Ich weiß noch, dass gesungen wurde, und dass eine laute Stimme irgendwann die Frauen Südfrankreichs in höchsten Tönen pries. Aus den erstaunten Reaktionen der anwesenden Männer konnte ich schließen, dass es sich dabei um meine Stimme handelte, und irgendwann lag ich in einem eigens für mich aufgestellten Klappbett und glitt in die weichen Hände eines alles vergebenden Schlafs.

Von links nach rechts: Saquina, Therèse, Laetitia und ich

Am nächsten Morgen trennen wir uns von Therèse und den anderen Pilgern, und kurze Zeit später müssen wir auch Laetitia Lebewohl sagen, ihr Urlaub ist zu Ende. In Lectoure bleibt sie zurück, und Saquina und ich sind wieder zurückgeworfen auf uns selbst. In nur zwei Tagen mussten wir uns von zwei Menschen trennen, die wir so schnell und intensiv lieb gewonnen haben, dass wir über uns selbst staunen. Das Glück ist ein Reisender, der, kaum dass er an unsere Tür ge-

klopft hat, bereits wieder seine Koffer packt und weiterzieht. Und der trotzdem etwas zurücklässt, die Erinnerung an Erlebtes und die Ahnung einer Fortsetzung, die sich chaotisch ausbreitet wie eine verlorene
Masche und manchmal ein Muster ergibt, schöner als
alles, was wir hätten planen können.

In Lectoure

Das *Bleu de Lectoure* ist ein Blauton, der ausschließlich
in diesem kleinen südfranzösischen Städtchen hergestellt wird und entfernt an die Lavendelfelder der Pro-
vence erinnert. Insbesondere in der Region nördlich
von Toulouse und Pau sieht man Fensterläden, Vasen,
Kleider und Haushaltsgegenstände in diesem besonderen Blau. Saquina und ich lassen uns durch das kleine
Häuschen führen, in dem das *Bleu de Lectoure* hergestellt wird. Interessant ist, dass es sich dabei zunächst
um eine schwarzbraune, übel riechende Jauche handelt, die erst durch den Kontakt mit der Luft und die
dadurch hervorgerufene Oxidation zu einem reinen
Blau mutiert, und dass dieses Blau früher mit Hilfe des
Urins von Männern hergestellt wurde, weil Letzteres
‚naturgemäß' eine erhöhte Konzentration gegärten
Alkohols enthält. Mittlerweile ersetzt eine Ammoniak-
lösung diese traditionelle Herstellungsmethode.

Ein statistisch unwahrscheinliches Treffen

Unsere nächste Station ist ein etwas größeres Städtchen mit dem viel versprechenden Namen *Condom*, in
dem uns erneut eine Dosis Glück erwartet, die uns

nachhaltig daran zweifeln lässt, dass es wirklich nicht so etwas wie eine günstige Fügung gibt. Wie des Öfteren in Südfrankreich haben wir in der örtlichen Pilgerherberge per Telefon niemanden erreicht, darum habe ich unser Kommen dem Anrufbeantworter anvertraut, zur Sicherheit jedoch auch beim Campingplatz im nächsten Dorf Bescheid gesagt, wo uns ein Plätzchen frei gehalten wird. Da wir beide nach unserer Ankunft in Condom noch sehr frisch sind, beschließen wir, bis zu jenem Campingplatz weiterzugehen, als wir am Ortausgang auf eine Autofahrerin treffen, die ihr Fenster herunterkurbelt und mich spontan fragt, ob mein Name Thomas Bauer sei. Nun sind meine bisherigen Bücher in Frankreich zu meinem Bedauern nicht sonderlich verbreitet, und ich bin mir keiner Tat bewusst, die mein Foto auf die Titelseite der hiesigen Zeitung gehievt haben könnte. Die Autofahrerin stellt sich als Besitzerin der örtlichen Herberge vor und erklärt mir freudestrahlend, dass sie mich gleich erkannt habe, ich sei ihr beschrieben worden, zudem habe bereits jemand ein Abendessen für uns zubereitet. Dieser jemand ist Pierre, der auf uns gewartet hat. Wir fallen uns in die Arme, tauschen die Erlebnisse der vergangenen Tage aus. Wenn man über die Wahrscheinlichkeit nachdenkt, dass eine Herbergsmutter zur ‚Prime Time' ihr Etablissement verlässt, dass sie dies just in jenen Minuten tut, in denen Saquina und ich auf dem Weg durch Condom sind, dass sie unseren Weg tatsächlich kreuzt und mich schließlich noch nach meinem Namen fragt, kann man wirklich ins Grübeln kommen.

Der Swing der Leichtigkeit

Auch in unserer nächsten Station, Aire sur l'Adour, bekommen wir Hilfe, als wir sie am wenigsten erwarten; fast scheint es, als halte jemand eine schützende Hand über uns – und das sage ich als bislang überzeugter Atheist. Telefonisch habe ich ein Zimmer im *Hôtel de la Paix* reserviert. Aber mittlerweile befinden wir uns tief in Südfrankreich, und das ‚Hotel des Friedens' macht bei unserer Ankunft seinem Namen alle Ehre: Gelassen dämmert es vor sich hin, was in erster Linie daran liegt, dass sich weder die Besitzerin, mit der ich telefoniert habe, noch irgendein Gast darin aufhält. Tatsächlich ist das Gebäude von einer vollständigen Stille umgeben, die wir rüde durchbrechen, als wir zunächst klingeln und dann immer energischer an Türe und Fensterläden klopfen. Nach über einstündiger Aktivität und dem erfolglosen Versuch, durch ein offenes Fenster im zweiten Stock ins Innere zu klettern, finden wir uns mit der Tatsache ab, dass das ‚Hotel des Friedens' heute ganz entgegen seiner natürlichen Bestimmung unbewohnt bleiben wird. Just in diesem Moment schlendert ein alter Mann die Straße entlang, auf der wir uns – mittlerweile erschöpft von unseren Versuchen, das Gebäude hinter uns bewohnbar zu machen – auf einer Bank ausruhen. Als wir ihm erzählen, wie wir die vergangenen neunzig Minuten verbracht haben, erklärt er uns, dass sein Bekannter erst vor kurzem zwei Straßen weiter einen kleinen *gîte*, eine Pilgerherberge, eröffnet habe, und dass wir gerne dort willkommen seien. Stolz führt er unseren kleinen Trupp zu der Unterkunft, einem umgebauten Hotel mit Doppelbetten und Dusche, ganz in Holz gehalten, deren

Besitzer uns warmherzig empfängt und sich sofort nachdrücklich bei uns einprägt. Vor zwei Jahren ist er den Jakobsweg entlang gegangen, von Aire sur l'Adour bis Santiago, und unterwegs hat er etwas wie Ruhe, etwas wie Glück gefunden. Man sieht es in seinen Augen: Wenn er von seiner Reise erzählt, blitzt eine Freude in seinen Blicken auf, die uns alle beeindruckt; und wenn er lacht, scheint es, als lachten alle Grübchen seines Gesichts mit ihm. Vor zwei Jahren verließ er sein Heimatdorf als ein Mann mit privaten Problemen und beruflichen Fragezeichen, und zurück kam er mit der Idee, diese Herberge zu eröffnen; die Inneneinrichtung aus massivem hellbraunen Eichenholz hat er selbst entworfen. Seine Gesten und Worte sind geprägt von einer inneren Gelassenheit, die gleichzeitig Passion und Enthusiasmus zulässt. Eine Mischung, die keinen von uns kalt lässt, und ähnlich erging es offensichtlich auch denjenigen, die vor uns hier übernachtet haben: Wir finden dankende Worte, Aphorismen und aufmunternde Zitate in den Gästebüchern, auf Zetteln und sogar an den Wänden im Esszimmer. Auch Aire sur l'Adour empfängt uns am nächsten Morgen freundlicher als noch am Abend zuvor: Langsam schlendern wir durch die Gassen dieser von der Sonne verwöhnten Stadt, in der die Musik aus den öffentlichen Lautsprechern für eine ausgelassene, lockere Stimmung sorgt, für das Flair des Südens, den Swing der Leichtigkeit.

Bar jeglicher Darstellungskunst

In Aroue übernachten wir zusammen mit einer Reisegruppe, die uns spontan unsympathisch ist, auf einem Bauernhof. Wieder beneidet man unsere Harmonie; diesmal jedoch fallen uns sofort die Zwänge auf, denen die Gruppe unterworfen ist. Vor allem die anwesenden Damen entwerfen eifrig Regeln und Vorschriften, generell herrscht eine Mischung aus Darstellungssucht und Hierarchiedenken, bei der jeder den anderen auszustechen versucht, was uns unmittelbar, und ohne dass wir uns dies sagen müssten, abschreckt. Vielleicht macht der Jakobsweg sensibel für Dinge dieser Art. Denn wenn man erst die Erfahrung macht, auf sich allein gestellt zu sein, wenn man aufgrund der eigenen Unachtsamkeit vom Weg abkommt oder entscheiden muss, ob man heute trotz eines schmerzenden Knies weitergeht oder nicht, dann steht man sich selbst gegenüber, bar jeglicher Darstellungskunst, jeglicher Spitzfindigkeiten, und dann erst hat man die Chance, seine Stärken und Schwächen kennen zu lernen. Das ist ein weiteres Geschenk, das dieser Weg für uns bereit hält und das uns, wenn wir es annehmen, stärker macht, selbstbewusster im Wortsinn.

Ein freundschaftliches Wettrennen

Ich fürchte mich vor der Ankunft in St.-Jean-Pied-de-Port. Hier werden sich unsere Wege trennen, und ich werde allein weiterziehen, genauso wie ich angefangen habe. Unser Einmarsch in das baskische Touristendorf wird jedoch unerwarteter Weise spektakulär, denn auf einer stark befahrenen Straße fünf Kilometer vor unserem Tagesziel dreht sich Pierre zu mir um, zwinkert mir zu und beginnt plötzlich zu laufen. Sofort nehme ich sein Angebot an: Zuerst joggen wir mit Rucksack, Pilgerstöcken und Sandalen zur Freude der Autofahrer Richtung St.-Jean-Pied-de-Port, dann mobilisieren wir unsere letzten Kräfte und liefern uns ein gnadenloses Wettrennen, das erst an der Herberge, unserer letzten Übernachtung in Frankreich, endet. Touristen schauen uns verdutzt hinterher, LKW-Fahrer rufen uns Aufmunterungen zu, und Saquina hält sich den Bauch vor Lachen.

Am nächsten Morgen bekomme ich beim Frühstück kaum einen Bissen herunter, und nach mehreren langen Umarmungen bin ich plötzlich wieder allein unterwegs. Kein *Komet* reißt mich mehr mit, keine *Ballerina* tänzelt in meiner Nähe und kein *Flaneur* weiht mich mehr in die Geheimnisse französischer Lebenskunst ein. Erst wenn man sich von seinen Freunden trennt, ist man wirklich einsam.

Noch wusste ich nicht, wie anders von nun an alles werden sollte. Und dass ich in ein magisches Land kommen würde, in anmutige Gegenden voller Legenden und in Regionen, über denen die Geheimnisse wie Wolken schweben. Als ich die Stadtmauer von St.-Jean-Pied-de-Port hinter mir lasse, weiß ich nur, dass ich in wenigen Stunden in Spanien sein werde – und vielleicht bin ich mir auch klarer darüber geworden, was mich an diesem Weg so fasziniert: Während Wissenschaftler zumeist erforschen, wie man das menschliche Leben verlängern kann, und während die meisten Firmen darüber nachdenken, wie man es mit möglichst viel Spielzeug füllt, interessiere ich mich vor allem für die *Intensität*, mit der wir leben.

Kunstvoll geschnitzter Wegweiser nach Santiago

Spanien

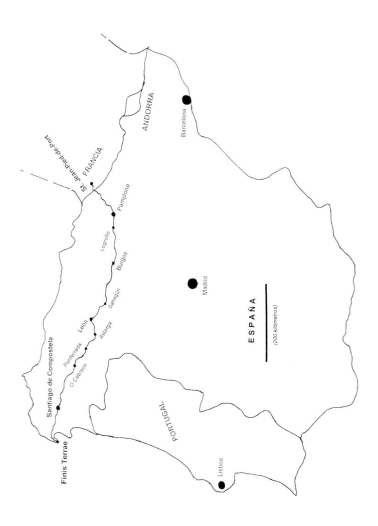

Navarra

Unterwegs in biblischen Landschaften

Seit meinem Aufbruch aus St-Jean-Pied-de-Port habe ich den Eindruck, auf einem anderen Weg zu sein. Das kleine Baskendorf ist die letzte Jakobsweg-Station auf französischer Seite und gilt seit jeher als idealer Ausgangspunkt für die Mehrzahl der Pilger. Von hier an wird ein täglich wachsender Schwarm von Wanderern von Herberge zu Herberge ziehen. Wenige Minuten nachdem ich losgelaufen bin, beginnt der Weg steil anzusteigen: Über den Ibañeta-Pass geht es über die Pyrenäen nach Spanien. Wie in dieser Gegend üblich ist das Wetter unbeständig und rau, und nach wenigen Metern ziehen Nebelschleier auf. Zehn Minuten später bin ich umhüllt von feuchten grauen Wänden, die mich von der Außenwelt abschneiden. Aus der Ferne ertönen die Stimmen weiterer Wanderer, und es kommt mir vor, als sei ich nicht nach Spanien gelangt, sondern stattdessen in ein unbekanntes Land abgedriftet, in dem zu den Geräuschen keine Körper mehr gehören, und in dem alle Gewissheiten durch Ahnungen ersetzt sind.

Auf der Südseite der Pyrenäen, etwa 50 Kilometer hinter der Landesgrenze, erwartet mich heute Zubiri, ein baskisches Dorf, das vollständig auf die Bedürfnisse der Pilger eingestellt ist: Der örtliche Supermarkt hat bis spät in die Nacht geöffnet, im Schaufenster der Apotheke locken Anti-Blasen-Pflaster, und zum ersten Mal seit meinem Aufbruch vom Bodensee übernachte ich in einem *refugio*, einer eigens für Jakobswegwanderer reservierten ‚Zuflucht', die von Freiwilligen unterhalten wird und an eine sehr große Jugendherberge erinnert. Die *refugios* bieten die beste Möglichkeit, eine einfache, oftmals kostenlose oder gegen eine freiwillige Spende zu beziehende Unterkunft zu erlangen, in der man sich mit Gleichgesinnten aus aller Welt austauschen kann.

„Der Jakobsweg ist für die einfachen Leute"

Auf dem Jakobsweg habe ich vor allem Spanier, Franzosen, Italiener, Deutsche, Ungarn und Brasilianer getroffen und insgesamt sind mir junge Sportskanonen und gebrechliche Rentner, Aussteiger und Geschäftsleute, religiöse Fanatiker, Geschichtsprofessoren, Jugendgruppen und Gelegenheitswanderer aus 18 Ländern begegnet. Auch wenn viele Ausnahmen die Regeln bestätigen, ergeben sich durch den permanenten Vergleich manchmal doch gewisse Strukturen, kann man den jeweiligen Gruppen bestimmte Eigenschaften zuordnen, spezifische Eigenarten, die sie voneinander abheben und darum interessant machen. So habe ich beispielsweise auf dem gesamten Weg nur einen einzigen Italiener getroffen, der allein unterwegs war; ansonsten sind die italienischen Jugendgruppen zumeist diejenigen, die ab 23 Uhr abends so richtig aufblühen und den Weg in erster Linie als CVJM-artiges Gruppenerlebnis zelebrieren. Wohingegen fast alle Franzosen, sofern sie überhaupt über die französische Grenze hinausgelangen, allein oder zu zweit unterwegs sind. Spanier trifft man in beiden Formationen; aber in jedem Fall sprechen sie lauter und schneller als alle anderen. Und Deutsche erkennt man zielgenau daran, dass sie mit aller Macht versuchen, nicht deutsch zu wirken. Vor allem uns Jugendlichen ist es wichtig, uns als das Gegenteil eines peniblen deutschen Beamten darzustellen. Außer an unseren verkrampften Versuchen, möglichst locker zu wirken, erkennt man uns Deutsche auch daran, dass wir das Komplizierte mögen. In unseren Autobahn-Raststätten erhält man einen ,Wert-Bon', um auf die Toilette gehen zu können und hat danach vier verschiedene Mülleimer zur Auswahl, um in einem seine Verpackungen loszuwerden. Entscheidet man sich stattdessen, den Zug zu nehmen, muss man sich spätestens zwei Wochen vor der Abfahrt den Kopf darüber zermartern, ob das Wochenend-Spezial-Ticket, das am Freitag um 22 Uhr beginnt, in unserem Fall wirklich besser ist als das Extraticket ,unter 25', das wiederum nur mit einer Bahncard 2. Klasse wirklich Sinn macht. Durch unsere Vorliebe für alles, was kompliziert ist, hat sich eine Pseudo-Expertenkultur entwickelt, dank der Menschen Geld bekommen, um uns Dinge zu erklären, die überflüssig sind. Und oftmals sind wir damit beschäftigt, Probleme zu lösen, die erst durch unser künstlich verkompliziertes System hervorgerufen werden. Vielleicht kann gerade darum der Weg nach Santiago für uns so wohltuend sein. „Der Jakobsweg ist für die einfachen Leute", resümiert der brasilianische Autor Paulo Coelho. Man isst, wenn man Hunger hat, und wenn man müde ist, sucht man sich eine Herberge.

Das Rosenwunder von Ibañeta

Mittlerweile bin ich nur noch einen Tag von der Baskenmetropole Pamplona entfernt. Die Ortsschilder sind zweisprachig, ich werde auf baskisch gegrüßt. Man spielt *pelota*, indem man mit schalenförmigen Schlägern Bälle auf große Wände wirft. Die Häuser sind schlicht, relativ klein und meistens weiß gestrichen, mit dunkelroten Rollläden vor den Fenstern.

Am Camino de Santiago entstanden über die Jahrhunderte Kirchen und Klöster, Hospitäler und Herbergen, Burgen und Brücken. Viele Wallfahrer blieben auf dem Weg nach Galizien hängen: Neusiedler wurden mit Steuervorteilen gelockt, komplett neue Ortschaften wurden aus dem Boden gestampft, und nordspanischen Regionen wie Navarra und La Rioja brachte der Jakobsweg Wohlstand und Reichtum. Sprachbarrieren überwand man mit dem hierfür am besten geeigneten Mittel: mit Musik. So hatten die Wallfahrer großen Einfluss auf die Entwicklung des religiösen Gesangs. Mit den Fremden kamen neue Eigenarten, Kulturen und Kunsteinflüsse ins Land, vor allem aber neue Geschichten und Legenden, die sich in Windeseile verbreiteten. Nicht immer basieren diese alten Sagen auf gesicherten Quellen, vieles wurde aufgebauscht, manches verzerrt; aber es sind Geschichten, an die viele Menschen in Nordspanien noch heute glauben, und Legenden, die das Gesicht des Jakobswegs prägen.

Im Jahr 778 n. Chr. führt Karl der Große die karolingischen Heere nach einem Feldzug gegen die Mauren in Südspanien über die Pyrenäen zurück nach Frankreich. Die Nachhut wird angeführt von Ritter Roland, Sieger zahlloser Schlachten und mittlerweile eine lebende Legende. Als die Nachhut des karolingischen Heeres den Pyrenäen-Pass bei Ibañeta erreicht und die schwer zu überschauende enge Stelle passieren will, tauchen plötzlich hinter jedem Felsen maurische Krieger auf und stürzen sich auf das vom langen Rückweg erschöpfte

Christenheer. Innerhalb kurzer Zeit wird die gesamte Nachhut der Karolinger vollständig ausgelöscht; der Boden färbt sich rot vor Blut. Heldenhaft kämpft Roland gegen die Übermacht seiner Feinde, bis er schließlich tödlich getroffen niedersinkt und mit letzter Kraft in sein Wunderhorn stößt, dessen Schall bis zu Karl dem Großen vordringt. Gegen den Rat des Ritters Ganelón, der sich heimlich mit den Feinden verbündet und diese von der Nachhut unterrichtet hat, macht der König der Franken kehrt und lässt das karolingische Heer zum Pass bei Ibañeta zurückmarschieren, wo die kampferprobten Krieger ein schrecklicher Anblick erwartet. Überall liegen Leichenteile, Eingeweide und Blutlachen; Verwundete ringen mit dem Tod; Fliegenschwärme umkreisen das Schlachtfeld. Die Truppen Karls des Großen versorgen die Überlebenden und balsamieren die Leiche Rolands ein. Am nächsten Morgen machen sich die christlichen Heere an die Verfolgung der Angreifer und nehmen am Ebro blutige Rache für den Hinterhalt. Der Verräter Ganelón wird von angespannten Pferden geviertelt. Als Karl der Große in die Pyrenäen zurückkehrt, wird er von aufgeregten Rittern empfangen, die ihn auf das ehemalige Schlachtfeld bei Ibañeta führen. Einige der Toten haben sich gedreht: Ihre Gesichter weisen himmelwärts und aus ihren Mündern ragen Rosen. Dank des Rosenwunders erkennt Karl der Große, wen er als gute Christen bestatten darf. Feierlich werden die christlichen Streiter dort beigesetzt, wo sich heute die Kapelle Sancti Spiritus befindet. Das nahe gelegene Kloster von Roncesvalles erinnert bis heute an die fränkischen Helden.

Im Sommer wird Pamplona zu einer Verheißung

Gegen Mittag komme ich in Pamplona an und habe Zeit, die Baskenmetropole und Hauptstadt der Provinz Navarra, in der Landessprache *Iruña* genannt, zu erkunden. Bereits früh erkannte man die strategische Bedeutung dieses Ortes auf einem Hochplateau zwischen Südfrankreich und Kastilien: Menschliche Zeugnisse reichen etwa 75.000 Jahre zurück; ab 75 vor Christus wurde Pamplona von den Römern besetzt, im Jahr 714 zogen die Mauren ein, später diente die Stadt als Festung gegen die Franzosen. Seit jeher jedoch ist Pamplona insbesondere bekannt für seine ausgelassenen Feste. Das bekannteste wird jährlich vom 6. bis zum 14. Juli zu Ehren des San Fermín zelebriert: Neun Tage lang finden in der gesamten Altstadt Prozessionen und Straßenfeste statt, deren Höhepunkt erreicht wird, wenn am 7. Juli die jungen Stiere durch die Straßen getrieben werden. An allen Orten erklingt Musik, und Künstler aus aller Welt bieten ihre Werke feil.

In der Pilgerherberge von Pamplona schaut der Angestellte ungläubig auf meine beiden Pilgerausweise und macht das Kreuzzeichen. Er kann es kaum glauben, dass ich zu Fuß von Konstanz bis hierher gekommen bin. Bereits in Südfrankreich ist mein erster Pilgerausweis, in den bei jeder Etappe ein Stempel gedrückt wird, voll geworden. Wie Trophäen werden meine beiden Ausweise den anderen Pilgern gezeigt, von denen die meisten in Saint-Jean-Pied-de-Port losgegangen sind; aufgeregtes Gemurmel macht die Runde. Eine Zeitlang genieße ich es, im Mittelpunkt zu stehen. Als ein kleiner Junge jedoch immer wieder betont, dass er später auch einmal einen so langen Weg zu Fuß zurücklegen will, flüchte ich auf mein Zimmer, wo ich auf ein junges Pärchen aus Gran Canaria stoße. Braungebrannte Gesichter, dunkle Augen, schwarze Locken, zuckersüßes Lächeln, stolze Blicke. Ein Feuerwerk der Sinne. Auf meine Frage, wie ich mir Gran Canaria vorstellen soll, beschreiben sie die Insel in den schönsten Farben, doch am Ende sagt das Mädchen: *muchos alemanes*, „viele Deutsche", und rollt genervt mit den Augen. Gleich darauf fragt sie mich nach meiner Herkunft. Nach diesen Anfangsschwierigkeiten freunden wir uns jedoch schnell an, reden fast eine Stunde miteinander, und dann gehe ich in die Altstadt von Pamplona.

Im Sommer wird Pamplona zu einer quirligen Touristenstadt, und ein ausgelassener, verwegener Hauch, eine Ahnung unbekannter Abenteuer, weht um die stolzen und ehrwürdigen Gebäude der Altstadt. Die jungen Frauen der Stadt führen ihre Reize durch die Straßen, und braungebrannte Männer stehen mit einem geheimnisvollen Lächeln auf den zentral gelegenen Plätzen. Wie in fast allen spanischen Großstädten spielt sich das Leben im Freien ab; man trifft sich *en la calle*, auf der Straße. In die Düfte der neuesten Parfums mischen sich die Gerüche der Fast-Food-Ketten und Süßwarenläden, und in das Gemurmel auf den Straßen werfen spielende Kinder ihre hellen Schreie. Im Sommer wird Pamplona zu einer Verheißung.

Vielleicht ist es auch nur die Hitze, die alle kirre macht. Erbarmungslos lässt die Sonne ihre Strahlen senkrecht auf die Stadt prasseln. Sie scheint sich vorgenommen zu haben, ein Loch in den Boden zu bohren, so intensiv brennt sie vom Himmel. In einem Supermarkt kaufe ich mir mein heutiges Mittagessen; dann verziehe ich mich für zwei Stunden in die schattige Ecke eines großen Platzes und lasse die Stadt um mich herum kreisen. Touristen mit schweren Fotoapparaten hasten an mir vorbei, kulturhungrige Frauen ergießen sich in die Museen, ein französisches Pärchen lässt sich durch die Straßen treiben, und drei Fußball spielende Kinder fragen mich, ob wirklich alle Deutsche so reich seien.

Sympathischerweise scheint das Leben in Pamplona aus zwei Phasen zu bestehen: Momentan ist noch *siesta*, aber ab 22 Uhr beginnt mit der *fiesta* ein neuer Abschnitt, während dem Pamplonas Tapas-Barchefs sich die Hände reiben, Diskos Rekordumsätze verbuchen und auch Kinder bis 5 Uhr morgens wach bleiben. Überhaupt erscheint mir diese Stadt in mehrfacher Hinsicht zweigeteilt: Um die gepflegten Gebäude der Altstadt legt sich ein Gürtel aus Plattenbauten, die Vorstadt ist eine einzige Bausünde. Die meisten Einwohner Pamplonas wohnen in einem dieser zweckmäßigen Bauklötze, leben und arbeiten jedoch in der Altstadt. Als ich eine der zahlreichen Kirchen Pamplonas besuche, erfahre ich eine andere Zweiteilung der Stadt. Während draußen das Leben lärmt und aufgetakelte Menschen erwartungssüchtig ihre Runden drehen, ist es in der bis auf den letzten Platz besetzten Kirche vollkommen ruhig. Es ist so still, dass es mir fast surreal vorkommt, als ich von dem lebhaften Treiben Pamplonas durch die Eingangspforte der Kirche in eine Welt gleite, die von gedämpftem Kerzenlicht und Weihrauch erfüllt ist, und in der selbst Geflüstertes von den hohen Wänden und der schwungvoll gebogenen Decke zurückgeworfen wird. In diese Kirche zu treten ist, als träte man für eine kurze Zeit neben das Leben, als klinke man sich für einige Momente aus der Zeit aus und ließe die Geschehnisse an sich vorbeiziehen. Dieser Ort bietet eine Ruhepause für die Sinne, und in Pamplona habe ich etwas Derartiges am wenigsten erwartet. Lange streife ich durch das Gotteshaus und lasse meinen bisherigen Weg Revue passieren. Bilder graben sich in mein Gedächtnis, die schneebedeckten Schweizer Gipfel, das verschmitzte Lächeln des hinterwäldlerischen Soldaten kurz vor Fribourg und der Gesichtsausdruck von Saquina, wenn sie „ah, bon?" sagt – seltsam, an was man sich alles erinnert. Die bizarren Vulkane um Le Puy drehen eine Runde in meiner Erinnerung, der Wind im Hochland des Aubrac fegt durch meine Gedanken. Cahors bietet sich mir an, dösend in der Hitze eines wolkenfreien Mittags. Saquina, Laetitia und Pierre diskutieren in meinem Kopf. Thérèse taucht auf, wie sie uns verabschiedet, singend, im Morgenrock; das wundersame Wiedersehen mit Pierre prägt sich mir ein, die souveräne Ruhe im Blick unseres Gastgebers in Aire sur l'Adour und mein Übergang über die Pyrenäen, in dichtem Nebel, die Ungewissheit und Verheißungen Spaniens vor mir.

Ich weiß nicht, wie lange ich auf diese Weise selbstreferenziell in der Kirche abhänge. Irgendwann werde ich aufgeschreckt: Wie auf ein Zeichen hin erheben sich alle Kirchenbesucher, die ersten Takte eines Liedes ertönen. Lange, tiefe Töne erfüllen das Gebäude, dann beginnen die Anwesenden zu singen. Der plötzliche Gleichklang aus Hunderten von Kehlen, von den Wänden Dutzend Mal hin- und hergeworfen, lässt einen Schauer meinen Rücken hinunterwandern, als ich plötzlich merke, dass gar kein Lied ertönt, zumindest nicht im klassischen Sinn. Dieselbe Zeile, denke ich verdutzt, alle singen immer dieselbe Zeile. Das geschieht mit einer Hingabe, die ich bislang selten erlebt habe, vor allem aber nicht in einer Kirche: Blicke richten sich hoffnungsvoll nach oben, eine alte Frau wischt sich die ersten Tränen aus den Augen; und dann wird eine Art Licht durch das Gebäude getragen, drei Mal im Kreis, und alle Besucher nehmen daran teil und werden zu einer Prozession, die sich dreht, drei Mal im Kreis. Was ich sehe wirkt mystisch auf mich, wie eine Massenekstase zu fremdartiger Musik. In jedem Fall hinterlässt es einen tiefen Eindruck bei mir. Als die Kirchenbesucher zu einer Prozession werden, bemerke ich, dass vor allem viele ältere Menschen voller Hoffnung in dieses Licht starren, und ich frage mich, warum so viele Menschen im Alter religiös werden. Haben sie, losgelöst vom Zwang, sich ein Leben aufzubauen, mehr Zeit, über immaterielle Dinge nachzudenken? Werden sie sich der Unvollkommenheit ihrer Körper bewusst und flüchten sich darum in Geistiges? Oder befassen sie sich darum eher mit religiösen Fragen als jüngere, weil sie sich dem Tod näher fühlen? Mit einem Strauß ungelöster Fragen und bisher unbekannter Eindrücke mache ich mich auf den Weg zurück zur Pilgerherberge.

Der Bandit der Berge

Pedro de Oyanederra war ein Großgrundbesitzer, der zusammen mit seiner Frau, seinen drei Söhnen sowie Knechten und Mägden in der Nähe von Pamplona lebte. Eines Tages erkrankte seine Frau. Hilflos musste Don Pedro zusehen, wie ihre Augen immer matter wurden. Kurz vor ihrem Tod verlangte sie mit letzter Kraft nach ihrem Mann. Fest sah sie

Pedro de Oyanederra in die Augen. „Mein Geliebter", flüster-
te sie so leise, dass ihr Mann sich nach vorne beugen musste,
um ihre Stimme zu hören, „so kurz vor dem Tod möchte ich
mich von einer Last befreien, die all die Jahre auf mir gelegen
hat. Es ist Jahre her, da habe ich Dich entehrt. Einer unserer
Söhne ist nicht Dein Sohn." Pedro de Oyanederra stand wie
vom Donner gerührt; sein Gesicht verlor alle Farbe, seine
Hände verkrampften sich. „Wer war es? Wer hat das ge-
tan?", schrie er, „und welcher ist nicht mein Sohn?". Bevor
seine Frau antworten konnte, stürmte er hinaus und rannte in
die Schlafzimmer der Kinder. „Kommt mit! Kommt alle mit
zu Eurer Mutter!", befahl er ihnen, Wahnsinn in den Augen.
„Welcher ist es?", schrie er wie von Sinnen. Seine Frau
schwieg. Da nahm der Gutsherr einen Strick, legte ihn den
Kindern um den Hals und band sie an einem metallenen Pfos-
ten fest. Entgeistert starrten die Brüder auf den vor Wut to-
benden Vater. „Welcher von ihnen ist nicht mein Sohn?",
schrie Don Pedro noch einmal. Seine Frau blieb stumm. Pedro
de Oyanederra nahm eine Fackel und steckte das Anwesen in
Brand. Seine Frau und die Kinder verbrannten bei lebendigem
Leib. Hilflos sahen Knechte und Mägde zu, wie ihr Herr in
die Stallungen stürmte, sich auf ein Pferd schwang und hinaus
in die Nacht ritt. In Abwesenheit wurde Pedro de Oyanederra
in Pamplona für vogelfrei erklärt. Der Gejagte jedoch blieb
verschwunden. Allein durchstreifte er die Pyrenäen, und mit
der Zeit wurde er zu einem Wegelagerer. Aus dem noblen
Gutsherrn Pedro de Oyanederra wurde Azeari Sumakilla, der
Bandit der Berge. Im Laufe der Zeit scharte Azeari Sumakil-
la mehrere Dutzend Gefährten um sich: Betrüger und Mörder,
Geächtete und übergelaufene Mauren, die über Jahre hinweg
zahlreiche Dörfer und Pilger der Region um Pamplona in
Angst und Schrecken versetzten.

Zu jener Zeit war die Stadt hart umkämpft: Mit jedem Tag kamen die Franzosen einer Einnahme Pamplonas näher. An der Spitze der Verteidiger der Baskenmetropole stand Don García, seit seiner Jugend Pedros bester Freund. Vor Jahren hatte García dem Gutsherrn das Leben gerettet, und als Pamplona endgültig in die Hände der Franzosen zu fallen drohte, schickte er nach dem Banditenführer und bat ihn und seine kampferprobten Männer um Beistand. In der kommenden Nacht griffen die Franzosen an. Schreie ertönten vor der Burgmauer der Stadt, mit Feuern versuchten die Angreifer die Einwohner auszuräuchern, als sich ihnen plötzlich die Kämpfer Azeari Sumakillas entgegenstellten. Als sich die Franzosen dieser wilden Horde gegenüber sahen, deren Brutalität in der gesamten Region gefürchtet war, flüchteten sie nach dem ersten Kampfgetümmel in die Berge. Azeari Sumakilla stieg in eines der Turmzimmer hinauf, um seinen alten Freund García wiederzusehen und fand dort dessen Schwester vor. „Was ist mit meinem Bruder?“, fragte sie Azeari ängstlich, „lebt er noch?“. „Ja, er ist am Leben. Wir haben die Feinde in die Flucht geschlagen“, antwortete der Bandit selbstbewusst. „Wisst ihr, er hat heute nicht sein Amulett mit dem Antlitz von Santiago getragen, das ihm schon oftmals vor dem sicheren Tod bewahrt hat“. Bei diesen Worten hielt sie ein silbernes Amulett in die Höhe. Wie gebannt starrte der Bandit der Berge auf das Kunstwerk. Der alte Wahn schoss in ihm hoch. „Woher stammt dieses Amulett?“, fragte er mit seltsam tonloser Stimme. „Vor vielen Jahren, als ihr bei uns ein und aus gingt, brachte es mein Bruder von einer seiner Schlachten mit“, antwortete sie, und Azeari erbleichte. Wie Schuppen fiel es ihm von den Augen. „Mein Amulett, mein Amulett“, stammelte er, „vor Jahren habe ich dieses Amulett meiner Frau geschenkt. García also war es, mein bester Freund hat mich entehrt.“ Damit stieß der Bandit der Berge einen Schrei aus, der durch den gesamten Turm hallte und García, der gerade im Begriff war, die Treppen

emporzulaufen, vor Schreck erstarren ließ. „Er weiß es!", stieß
er hervor, dann rannte er hinaus in die tiefdunkle Nacht.

Im Morgengrauen nahm Azeari Sumakilla die Verfolgung
auf. Für den Bandit der Berge war es ein Leichtes, den Ent-
flohenen ausfindig zu machen. Als der Erschöpfte Azearis
Männer auf sich zukommen sah, wusste er, dass es kein Ent-
rinnen und keine Gnade geben würde. Wie versteinert sah er
zu, wie Azearis Gefährten sein Grab aushoben. Fast teil-
nahmslos stieg er in die Mulde, wo er lebendig begraben wurde,
bis nur noch sein Kopf herausragte. Mit einem Stein in der
Hand trat Azeari Sumakilla vor seinen besten Freund. „Wir
verdanken uns gegenseitig unser Leben, aber jetzt muss die
Schuld getilgt werden, die all die Jahre ohne mein Wissen zwi-
schen uns lag", sagte er ruhig, „so werde ich wieder Pedro de
Oyanederra werden, und ich hoffe, dass Gott die Sünden A-
zeari Sumakillas vergeben wird." Mit einer einzigen fließenden
Bewegung zertrümmerte er den Schädel Garcías. Kurz darauf
fiel Pamplona in die Hände der Franzosen.

Unterwegs nach Westen

Von hier an schlage ich mein Lager jede Nacht ein kleines Stück weiter westlich auf, bis ich am Ozean ankommen werde. Jeden Morgen scheint mir die Sonne wie eine Anfeuerung auf den Rücken, wenige Stunden später zieht sie links an mir vorbei, um schließlich, kurz nachdem ich mein Tagesziel erreiche, wie eine Verheißung rotgelb vor meinen Augen zu versinken. Umgeben von diesen Bewegungen, eingebettet in den Wechsel von Tag

und Nacht, von Sonne und Mond, komme ich mir
klein und unscheinbar vor, und doch fühle ich mich
aufgehoben, seltsam behütet wie niemals zuvor.
Wenn ein neuer Tag die Nacht ablöst und die mor-
gendliche Wärme beginnt, sich in die ockerfarbenen
Talkessel zu legen, erscheint mir das alles so sinnvoll,
so vollkommen durchdacht, so vollkommen. Der
Jakobsweg in Spanien ist anders, eingängiger, tief
greifender, und ein Gefühl von Dankbarkeit darüber,
dass man diese Momente erleben darf, keimt auf.
Vielleicht ist es das, was die Pilger seit Jahrhunderten
nach Nordspanien treibt: Das typische Gefühl auf
dem Jakobsweg ist Dankbarkeit, vermischt mit einer
unerklärlichen Geborgenheit, als sei man endlich zu
Hause angelangt. Und dennoch ist man unterwegs,
morgen wird man wieder an einem anderen Ort sein.
Vielleicht nimmt man von hier an dieses Jakobsweg-
Gefühl mit, löst es von diesem Ort ab und zieht es in
sein weiteres Leben. Immer unterwegs und dennoch
zu Hause. Destination Santiago.

Im Morgengrauen breche ich von Pamplona auf. Der
Jakobsweg führt mich zu einer Hügelkette, und als
ich sie erklimme, erstreckt sich dahinter eine Landschaft, wie ich sie noch nie gesehen habe: Ockerfarbene, sonnenverwöhnte Felder, aus denen mir die
Dörfer wie hineingemalt entgegen leuchten, ziehen
sich unter meinem Blick bis zum Horizont hin. In
den kommenden Tagen werde ich durch diese karge
Ebene gehen. Mittlerweile sind mehr und mehr Pilger
unterwegs, und bis Puente la Reina begleitet mich
eine junge Ungarin, die sehr gut Deutsch spricht. Sie
ist schlank und hoch gewachsen und schleppt einen
Sonnenbrand mit sich, der ihre ansonsten weiße Haut

an beiden Unterarmen dunkelrot gefärbt hat. Wohl um sich vor ähnlichen Widrigkeiten zu wappnen trägt sie einen riesigen roten Hut, unter dessen Krempe ihr Gesicht beinahe verschwindet. Was mich jedoch am Nachhaltigsten an ihr beeindruckt, ist ihre Stimme. Vor jedem Satz lässt sie eine Sekunde verstreichen, als müsse sie sich erst sammeln und ihre Antwort strukturieren, dann erst spricht sie, langsam und bedächtig, reiht Wort an Wort, mit einer Stimme, die so zart ist, dass sie zerbrechlich wirkt, als könnten die gehauchten Worte die Stimmbänder angreifen. Ich ertappe mich dabei, wie ich ihr Fragen stelle, nur um dieses Stimmenphänomen weiter verfolgen zu können, doch in Puente la Reina trennen sich unsere Wege, denn ähnlich wie ihre Stimme sind auch ihre Bewegungen von größter Vorsicht geprägt. Geht es bergab, tastet ihr Fuß scheu nach einer sicheren Stelle, bevor sie ihr Gewicht darauf verlagert, und in meinen Gedanken ordne ich ihr den Bewegungstyp *Fahrschülerin* zu, weil sie sich langsam und vorsichtig vorwärts bewegt, als gäbe es rundherum Regeln und Gefahren. Es hätte mich nicht gewundert, wenn sie vor einer Linkskurve über ihre Schulter blicken würde, um irgendetwas im toten Winkel ihres Blickfelds ausfindig zu machen.

Puente la Reina gehört zu den bekanntesten Dörfern auf dem Jakobsweg. Vor fast 1.000 Jahren stiftete Doña Mayor, Monarchin von Navarra, eine imposante Steinbrücke, die seither die Jakobspilger in sechs Bögen schwungvoll über den Arga führt, und am Ortseingang weist eine bronzefarbene Jakobusfigur darauf hin, dass sich hier die beiden großen Jakobswege, von den Pyrenäenpässen Somport und Ibañeta kommend, vereinigen. Im Ort selbst führt der Jakobsweg an den reich verzierten Häuserfronten der Altstadt und den monumentalen Kirchen Crucifijo und Santiago vorbei, und wieder bekomme ich Gelegenheit, die aufsteigende Hitze zu bekämpfen, indem ich mir eine große Packung Eis kaufe. Dabei stelle ich fest, dass die Meinungen über die wohltuende Wirkung von Eis bei Hitze durchaus auseinander gehen: Während meine Meinung stark dafür ist, halten die anderen nicht viel davon.

In der Sonnenwüste

In Estella sind alle Betten der Pilgerherberge belegt, also beschließe ich, die Nacht im *patio*, dem Innenhof der Unterkunft, zu verbringen. Um mich auf die ungemütliche Nacht auf dem Steinboden vorzubereiten, unterhalte  ich mich lange mit einer Gruppe Italiener. Schnell sind wir uns einig, dass der Wein in Spanien schlechter ist als in Italien, und dass uns deutsche Musikgruppen meistens besser gefallen als italienische. Wir trinken erstaunliche Mengen Wein, und anschließend sinke ich in meinen Schlafsack. Trotzdem fällt mir das Einschlafen auf dem harten Boden nicht leicht, und nach nur wenigen Stunden Schlaf werde ich vom Aufbruch der ersten Pilger geweckt. Auf dem Weg nach Viana, das auf einem kargen Hügel angesiedelt ist, treffe ich die italienische Gruppe wieder. Ein Mädchen lächelt mir zu, aber ich habe mich noch nicht an die Pilgergruppen gewöhnt und beschließe, vorerst allein weiterzugehen. Es lohnt sich, denn dieser Tag hält einige Überraschungen für mich bereit.

Vor der Nachmittagshitze suche ich Schutz im Schatten eines einzelnen Baumes. Um mich herum erstrecken sich karge Felder und vereinzelte Hügelketten bis zum Horizont; die Sonne taucht die sandigen Böden in ein gelbrötliches Licht. Konzentriere ich mich auf eine einzelne Stelle in der Landschaft, kann ich sehen, wie die Hitze, von der Erdoberfläche reflektiert, die Luft bis etwa drei Meter über dem Boden zum Flimmern bringt. Und während ich all dies sehe, fühle ich mich fast unangreifbar unter dem Blätterdach dieses Baumes, geschützt vor der Mittagshitze. Aus meinem Schutzraum werfe ich meine Blicke in die Umgebung, aus der privilegierten Position eines Betrachters, geschützt vor der Welt und dennoch aufgehoben in ihr, nicht zurückgeworfen auf mich selbst wie in der Kirche von Pamplona, nicht abgekoppelt von den Geschehnissen um mich herum. Nein, ich spüre den Wind in meinem Gesicht, ich sehe, was um mich herum passiert. Erst seit jenem Tag weiß ich, was es bedeutet, wenn in den alten biblischen Texten davon gesprochen wird, dass jemand ‚Schutz im Schatten eines Baumes' sucht, und es scheint mir nicht verwunderlich, dass Siddharta der Legende nach die Erleuchtung erlangte und zu Buddha wurde, nachdem er vierzig Tage lang unter einem Maulbeerbaum meditierte. Ihr solltet es ausprobieren, ehrlich, es mag abgefahren klingen, aber es ist ein unsagbar friedliches, unschlagbares Gefühl, und wenn es einen Ort gibt, an dem gute Gedanken entstehen, dann ist es dieser. Seitdem ich weiß, was ein einzelner Baum inmitten einer Sonnenwüste bewirken kann, misstraue ich allen Gedanken, die an verrauchten Schreibtischen, in muffeligen Hinterzimmern und vor verstaubten Computern entstanden sind.

Meine philosophischen Höhenflüge finden vorerst ein Ende, als sich nach etwa einer Stunde ein Trupp Jakobspilger entschließt, ebenfalls ein Päuschen im Schatten des Baumes einzulegen. Mittlerweile ist es voll geworden auf dem Jakobsweg, zumindest morgens. Der typische Tagesablauf eines Pilgers gestaltet sich dabei in etwa folgendermaßen: Gegen halb sechs Uhr morgens erwacht man in einer Pilgerherberge vom Tumult der anderen, die um einen herum aufstehen. Nach einem kurzen Frühstück erlebt man einen herrlichen Sonnenaufgang; in den frühen Morgenstunden kommt man am schnellsten voran. Bis die Hitze schließlich gegen 13 Uhr ihren Höhepunkt erreicht, hat man etwa 25 bis 30 Kilometer zurückgelegt. Die meisten Pilger suchen sich zu dieser Zeit bereits eine Übernachtungsmöglichkeit und verdösen die heißen Stunden des Tages, um den Abend schließlich mit einem Essen inklusive Gitarrenmusik und dem Austausch von Lebengeschichten ausklingen zu lassen. Während die Mehrzahl der Pilger *siesta* hält, nutze ich die Zeit ab dem frühen Nachmittag, um nach einem äußerst reichhaltigen Mittagessen noch einige Stunden für mich zu sein und weiterzulaufen, bis ich ein Dorf erreiche, das mir gefällt. Das sind fast immer die Momente, in denen es mir gelingt, die Vergangenheit und Zukunft abzustreifen, meine Gedanken vom Körper zu lösen und schwerelos mit dem Augenblick zu verschmelzen. Ich spüre in solchen Momenten nichts mehr. Nicht den Aufprall meiner Schritte auf dem trockenen Boden, nicht das Gewicht des Rucksacks auf meinem Rücken. Nicht die Kontraktion der Beinmuskeln, die mich vorwärts schiebt. In diesen Momenten schlagen die Gedanken eigene unvorhersehbare Wege ein. Es ist ein Gefühl, als sei man auf Droge, betrunken vom Weg, 'high' von der Umgebung und gedopt mit der Masse an Eindrücken, die einen umgeben: den nicht enden wollenden Feldern, dem Horizont, in dem die Sonne wie ein riesiges gelbes Auge hängt, und der permanenten körperlichen Anstrengung. Ich habe Pilger kennen gelernt, die sich täglich systematisch zehn Kilometer mehr vornehmen, als es ratsam wäre, und die sich jeden Tag von Neuem durch eine Phase körperlicher Schmerzen kämpfen, um manchmal am Ende dieses Gefühl der vollständigen Loslösung zu erleben. Natürlich ist das unvernünftig, ständig operiert man hart an seinen Grenzen. Es ist exzessiv wie eine wild durchtanzte Nacht. Dionysos unterwegs, Destination Santiago. Von der Mehrzahl der Pilger, die pro Tag etwa 25 Kilometer zurücklegen und vor der Mittagshitze bereits am Ziel sind, werden solche Leute zumeist als *locos* ('Spinner') bezeichnet, die die Elemente herausfordern, indem sie in der Gluthitze weitergehen. Ich fürchte, ich gehöre dazu.

Jetzt verstehe ich auch Saquina besser, die mir wie ein Komet vorkam, als ich sie in Frankreich getroffen habe. Auch bei ihr wirkt der Weg wie eine Droge, er ist schön und gefährlich und unwiderstehlich. Und wie sie mir damals verbissen vorkam, eine Kilometerfresserin auf der Suche nach Rekorden, so muss ich jetzt wohl den anderen Pilgern vorkommen. Dabei treibt uns beide nicht der Wunsch, besser als andere zu sein. Wir zählen die Kilometer nicht, wir haben keine Uhren dabei. Wir gleiten von Augenblick zu Augenblick, ein Moment löst den vorhergehenden ab, und die Wegstrecke ist nur Mittel zum Zweck, um diese und ähnliche Gefühle hervorzurufen. Auf diese Weise legen wir manchmal Entfernungen zurück, die anderen verrückt erscheinen.

Die Evergreens des Jakobswegs

In Viana empfängt man mich in etwa wie den direkten Abkömmling von Jakobus. Im Turm der Kirche befindet sich eine Pilgerunterkunft, in der für uns gekocht, gesungen und gebetet wird. Zuvor kommt das ganze Dorf zusammen, um uns Pilgern in der Kirche persönlich Glück und Erfolg zu wünschen. Es ist eine ergreifende Zeremonie, bei der wir den Segen des gesamten Dorfes für unseren weiteren Weg ausgesprochen bekommen. Beim Abendessen sind wir zu zwölft: Je zwei Spanier, Franzosen und Ungarn, eine Britin, eine Österreicherin, eine Deutsche, ein Brasilianer, die Herbergsmutter und ich. Wir sind ausgelassen, obwohl einigen von uns die körperlichen Strapazen deutlich anzusehen sind, und wir sind sehr unterschiedlich. Während die Britin ständig betont, ihre Identität finden zu müssen, blickt die Deutsche die ganze Zeit müde auf ihren Teller, als suche sie in den mit Schinken durchsetzten Nudeln nach einer alles entscheidenden Antwort. Die Spanier und Ungarn machen Stimmung und fachsimpeln in Spanisch, Englisch und Französisch lautstark über die richtige Anbauweise von Hanf, der Brasilianer erzählt – sofern ich das richtig verstehe; er spricht mit starkem portugiesischen

Akzent – von Momenten der Zwiesprache mit Gott, wodurch er wiederum die Herbergsmutter von Anfang an auf seiner Seite hat. Ich konzentriere mich vor allem auf die beiden Franzosen, weil ich noch immer oft an Saquina, Laetitia und Pierre denke und die Erinnerung an meine Freunde immer dann wieder aufflammt, sobald ich Französisch höre, und auf die Österreicherin, weil sie zu Beginn gesagt hat, dass sie Britney Spears nicht leiden kann, was immerhin ein Ausgangspunkt für weitere Erörterungen und in jedem Fall ein Pluspunkt ist. Wie so oft auf dem Weg zieht uns die Gegensätzlichkeit unserer Ansichten und Lebensarten auch heute in Viana gegenseitig an, und manchmal können wir uns nur mit Mühe zurückhalten, allzu neugierige Fragen zu stellen. Man kann förmlich spüren, wie unsere Fragen in Gedanken weitergeführt werden. Die unausgesprochenen Botschaften bringen wir dabei vor allem durch den jeweiligen Tonfall zum Ausdruck. Zu den Evergreens auf dem Jakobsweg gehören insbesondere:

- „Heute morgen bin ich von XY aus losgelaufen!" [und man sieht mir die Anstrengung noch nicht mal an!]

- „Seid ihr vier zusammen unterwegs?" [oder seid ihr echte Pilger?]

- „Ich habe gehört, dass dieses Pflaster wirklich gegen Blasen hilft." [und dabei spreche ich verdammt noch mal aus eigener Erfahrung.]

- „Sie reisen aber schwer bepackt!" [Anfänger!]

- „Hübsche Schuhe haben Sie da an!" [Anfänger!]

- „So, Sie sind also unterwegs, um sich selbst zu finden – interessant." [aber Sie werden ja wohl hoffentlich bald aus diesem Alptraum erwachen?]

- „Auf dem Jakobsweg muss man natürlich auf mancherlei Luxus verzichten." [zugegeben: Ich stinke ein bisschen. Aber das tun Sie auch!]

- „Heute morgen bin ich als Erste losgelaufen, als noch alles dunkel war und Tau auf den Feldern lag." [und ob ich schon wanderte im finsteren Tal, fürchte ich kein Unglück, denn Du bist bei mir. Dein Stecken und Stab trösten mich.]

- „Gestern habe ich einen wirklich unterhaltsamen Pilger kennen gelernt." [und führe uns nicht in Versuchung, sondern erlöse uns ...]

- „Ach, Du meinst diesen Blonden mit den blauen Augen, der aus Deutschland kommt und ein Buch über den Jakobsweg schreiben will?" [und vergib uns unsere Schuld wie auch wir vergeben ...]

- „Hast Du auch diesen Ausblick auf Navarra erlebt, kurz nach Pamplona, als die Sonne gerade aufgegangen ist?" [denn Dein ist das Reich und die Kraft und die Herrlichkeit in Ewigkeit. Amen.]

In dieser Landschaft, eingebettet in ein Geflecht uralter Dörfer, umgeben von Kathedralen und den Resten mittelalterlicher Burganlagen, die sich inmitten goldgelber Getreidefelder dem Horizont entgegenstrecken, fühle ich mich manchmal um Jahrhunderte zurückversetzt. Tatsächlich strömt Navarra etwas Altehrwürdiges aus; etwas dauerhaft Schönes geht

von diesem Weg aus, eine unerklärliche Kraft, die umso stärker wird, je näher man dem bekannten Wallfahrtsort in Galizien kommt. Ich weiß natürlich, dass das seltsam klingen muss. Ich meine: für einen jungen Deutschen, der streng materialistisch erzogen und auf kurzfristige Bedürfnisbefriedigung getrimmt wurde. Aber zwischen Pamplona und Burgos spüre ich irgendwie, dass da etwas Neues ist, etwas, das ich bis dahin nie bemerkt habe. Vielleicht lebt in diesen biblischen Landschaften etwas wie die Erinnerung an unsere Vorfahren wieder auf. Die alten Legenden füllen sich mit Leben, und erst in den wüstenähnlichen Hochebenen Navarras wird ein so unverständliches Verhalten wie der Entschluss Abrahams, seinen eigenen Sohn zu opfern, wenn nicht nachvollziehbar, so doch erklärbar. Glaubt es mir ruhig, Leute, es ist nicht die Hitze (obwohl die auch ihren Teil dazu beiträgt) und ich befinde mich nicht im Delirium oder so. Ich habe Ähnliches von vielen Pilgern gehört, die wie ich als furchtlose und ziemlich naive Abenteurer losgegangen sind und von etwas nicht genau Fassbarem, aber eindeutig Fühlbarem berichteten, etwas Kraftvollem, das von diesem Weg ausgeht und eine

Spur in jedem Pilger hinterlässt, der sensibel hierfür ist. Nach dem Jakobsweg sind diese Leute nicht mehr dieselben wie zuvor.

Seit Pamplona treffe ich immer häufiger Jakobsweg-wanderer, die mir entgegenkommen, Geschichten aus Santiago im Gepäck. Ich hätte ehrlich gesagt keine Lust, denselben Weg wieder zurückzugehen. Gleichzeitig wird mir aber klar, dass dies früher schlichtweg eine Notwendigkeit war: Wer in Santiago ankam, hatte erst die Hälfte des Weges hinter sich, denn kein Bus, kein Zug, kein Flugzeug würde ihn auf bequeme Weise wieder nach Hause bringen. Während ich in Gedanken noch ein Hohelied auf den Fortschritt anstimme, komme ich einem Gebiet immer näher, zu dem die Errungenschaften dieses Fortschritts noch nicht vorgedrungen zu sein scheinen. Einem Gebiet, das als das schwerste Teilstück des gesamten Jakobswegs gilt, und dem viele Pilger einen so großen Respekt entgegenbringen, dass sie es in einem weiten Bogen per Bus oder Zug umfahren: Bis zum Horizont erstreckt sich vor mir die Sonnenwüste der Meseta.

Meseta

Rekordjagd in der Sonnenwüste

Was ist die Meseta? Die Meseta ist eine Hochebene zwischen dem Kantabrischen Gebirgszug im Norden und der Sierra Morena im Süden. Die Meseta ist eine 250.000 Quadratkilometer große Halbwüste, in der es fast nirgendwo Schatten gibt. Die Meseta ist eine ockerfarbene, sich bis zum Horizont streckende Steppenlandschaft, über der im Sommer die *calina*, ein Dunst aus kleinen Staubteilchen, liegt. Die Meseta ist eine Region, die sprachlos macht. Ich habe Pilger gesehen, denen nach Tausend Kilometern Fußmarsch Tränen in die Augen traten, als sie die Meseta gesehen haben. Die Meseta ist ein sonnenverwöhnter Ozean, ein Meer aus baumlosen Bodenwellen, in dem jeder Schiffbruch erleidet, der sich nicht an die Regeln hält. Die Meseta ist eine Sonnenwüste, schneebedeckt im Winter und ausgedörrt im Sommer, wenn die Temperatur knapp über dem Boden auf bis zu 50°C steigt. Die Meseta liefert keine Anhaltspunkte. Die Meseta bietet keine Hilfestellung. Kein Baum, keine Häuser, nichts an das sich der Blick halten könnte. Die Meseta ist eine endlose goldgelbe Spiegelfläche für die Sonne. Bereits seit *Le Puy* sprechen die Pilger ihren Namen mit Respekt aus, und die Legenden häufen sich, je näher man ihr kommt.

Die Meseta ist eine Herausforderung. Nachdem ich *Burgos* verlassen habe, führt mich der Jakobsweg tief hinein in die Sonnenwüste, und drei Tage lang werde ich diese große waagrechte Fläche Richtung Westen durchqueren, die unerbittliche Sonne über mir und die sandigen Böden bis zum Horizont unter mir. Viele Pilger machen einen Bogen um diese unwirtliche Gegend, und unterwegs komme ich an mehreren Kreuzen vorbei, dort wo andere, die es versuchten, ihre letzte Ruhestätte gefunden haben. Und dennoch – vielleicht auch: eben darum – freue ich mich auf meine Auseinandersetzung mit dieser Region.

Die Meseta liefert keine Anhaltspunkte: Ockerfarbene Felder bis zum Horizont

Ich sollte nicht enttäuscht werden: Kein Abschnitt des Jakobswegs kam mir bisher so gewaltig vor. Noch vor Sonnenaufgang mache ich mich auf den Weg. Obwohl man mir davon abrät, möchte ich die Sonnenwüste allein durchqueren. Nach einer knappen Stunde beginnt die Hitze vom Boden aufzusteigen, und wenn die Sonne den Zenit erreicht hat, ist es, als hätten ihre Strahlen die Meseta mit einer zähen, klebrigen Flüssigkeit gefüllt, die meine Bewegungen künstlich verlangsamt. Als sei ich in einen riesigen Pool mit Quecksilber gefallen. Den anderen

121

geht es kaum besser: Wenn ich ihnen begegne, kann ich durch die Staubfäden, die die Winde um mich herum aufwirbeln, ihre bedächtigen, kleinen Schritte erkennen. Manchmal kommt mir das alles wie ein Traum vor, und trotzdem muss ich hellwach sein. Ich muss die richtigen Entscheidungen treffen: Wann mache ich Pause? Wie teile ich meine Kräfte am besten ein? Wie viel Wasser nehme ich mit? Wo werde ich übernachten? So zurückgeworfen auf mich selbst, umgeben von staubtrockenen Winden, die an meinen Haaren zerren und unterwegs auf diesem Weg, der die riesige dunkelgelbe Einöde in zwei Teile schneidet, ein unglaubliches Wagnis, eine Herausforderung der Elemente, greift mich, wie schon in Navarra, dieses Jakobsweg-Gefühl an. Destination Santiago, Ihr wisst schon. Es muss sich in einer Bodenwelle der Meseta versteckt gehalten haben, denn plötzlich ist es bei mir, und ohne Vorwarnung sorgt es dafür, dass ich mitten auf dem Weg anfange zu lachen. Ich lache in die Winde hinaus, ich pruste den Staubkörnern zu, ich schicke eine Lachsalve zur Sonne. Zum Glück sind gerade keine weiteren Pilger in der Nähe. Jetzt schreite ich wieder mit großen, energischen Schritten aus, denn ich habe verstanden: In dieser gnadenlosen Umgebung ist nicht nur die Unerbittlichkeit, sondern auch die Schönheit zu finden, beide gehen Hand in Hand, sie sind nicht zu trennen, und sie werden mich sicher nach *León,* ans Ende dieser Wüste, führen.

Das Hühnerwunder von Santo Domingo de la Calzada

Die Meseta ist Schauplatz einer Vielzahl von Legenden und wundersamen Erzählungen, die teilweise seit Jahrhunderten von Generation zu Generation weitergegeben werden. Die bekannteste davon ist das Hühnerwunder von Santo Domingo de la Calzada. Eines Tages kam eine deutsche Pilgerfamilie in die Stadt. Auf ihrer langen Reise waren die Eltern mit ihrem Sohn unterwegs, der überall die Blicke der Dorfjugend auf sich zog: Der junge Mann hatte strahlend blaue Augen und blonde Locken. Auch eine Magd des Gasthofs, in dem die junge Familie übernachten wollte, hatte ein Auge auf den fremden Besucher geworfen. Nach dem Abendbrot sah sie ihre Chance gekommen und machte ihm ein eindeutiges Angebot. Der Jüngling aber lehnte mit Bedauern ab und erklärte, dass er dem heiligen Jakobus unberührt gegenübertreten wolle. Die Magd schäumte vor Wut: Noch nie hatte jemand ihren Körper abgelehnt. Als sich die junge Familie schlafen legte, stand ihr Plan fest. Auf Zehenspitzen schlich sie zum Gepäck und versteckte einen silbernen Becher des Gasthofs in der Tasche des Jungen. Frisch gestärkt bedankte sich die Familie am nächsten Morgen für die herzliche Aufnahme und machte sich auf den Weg Richtung Santiago. Sie kam nicht weit. Als sie gerade außer Sichtweite des Gasthofs war, ertönten dort laute Schreie. „Ein Dieb, ein Dieb!" Die Rufe der Magd hallten über das Anwesen. „Man hat uns bestohlen! Unser silberner Becher ist verschwunden!" Sofort war die abreisende Familie von aufgebrachten Dorfbewohnern umringt. Sie durchwühlten das Gepäck des Jungen und brachten vor seinen verdutzten Augen den Becher zum Vorschein.

Am nächsten Tag wurde der Junge vor den Augen seiner entsetzten Eltern auf dem Platz von Santo Domingo de la Calzada gehängt. Unter den Schaulustigen befand sich auch die triumphierende Magd. Die Eltern konnten dem Schauspiel nicht zusehen: Sie wandten sich ab und schworen, am Grab des Apostels um Vergebung für die Sünden ihres vom Weg abgekommenen Sohnes zu bitten. Als sich die Menge verzog, standen sie noch immer wie versteinert auf dem Platz. Aber was war denn das ...? Allein mit ihrem Sohn vernahmen sie auf einmal dessen Stimme. Spielte die Einbildung ihnen einen Streich? Aber nein, dort am Galgen hing ihr Sohn und blickte sie an, er war am Leben. Da fielen Vater und Mutter vor Dankbarkeit auf die Knie. Atemlos stürzten sie ins Haus des Richters, der sich gerade zum Mittagessen begeben hatte. Vor ihm verströmten eine gebratene Henne und ein knuspriger Hahn betörende Düfte, die ihm das Wasser im Mund zusammenlaufen ließen. Unwirsch wollte er die ungebetenen Gäste sogleich hinausbefördern. „Wenn das wahr wäre, würde ich Euren Sprössling eigenhändig begnadigen und vom Galgen schneiden! Doch euer diebischer Sohn ist genauso lebendig wie die Henne und der Hahn vor meinen Augen! Und jetzt raus hier!" Dann fügte er mit spöttischem Lächeln hinzu: „Wenn die Geschichte wahr wäre, bei Gott, dann bekämen die Henne und der Hahn Flügel und flögen davon!" Kaum hatte er diese Worte gesprochen, verlor er jede Farbe. Vor seinen Augen begannen die Flügel der gebratenen Tiere zu flattern. Der Hahn krähte und erhob sich vom Tisch. Dann flogen beide Vögel davon.

Als man den unschuldig Gehängten vom Pfahl schnitt, atmete Santo Domingo de la Calzada, der Schutzheilige und Namenspatron des Dorfes, erleichtert auf. Unbemerkt von der Menge hatte er die Beine des Jungen die ganze Zeit auf seinen Schultern getragen. Zum Gedenken an jene denkwürdigen Ereignisse leben seither in der Kathedrale von Santo Domingo de la Calzada eine weiße Henne und ein weißer Hahn. Dem spanischen Tierschutzbund zufolge werden die Vögel alle paar

124

*Wochen ausgetauscht. Sie leben in einem verglasten Käfig ge-
genüber dem Mausoleum des Santo Domingo de la Calzada.
An manchen Gottesdiensten meldet sich der Hahn wie eine
lebendige Erinnerung an die damaligen Ereignisse lautstark
zu Wort.*

*Auch das Kloster von Nájera und die imposante Kathedrale
von Burgos gehen auf ähnliche Geschichten zurück. In Nájera
befand sich König García Sánchez im 11. Jahrhundert mit
seinem Falken auf der Jagd, als der Greifvogel bei der Verfolgung eines Rebhuhns in einem Forst verschwand. Ihm folgend
entdeckte der König einen Höhleneingang, aus dem ein seltsam
flackernder Lichtschein drang. Zusammen mit einem Diener
trat García Sánchez in die Höhle – und fuhr erschrocken
zurück. In der Höhle stand ein kleiner Altar mit dem Bildnis
der heiligen Jungfrau, zu ihren Füßen brannte eine winzige
Lampe. Eine Vase mit weißen Lilien verströmte süße Düfte
im Raum. Auf dem Boden schliefen das Rebhuhn und der
Falke friedlich nebeneinander. An jener Stelle ließ König García Sánchez ein Kloster errichten, direkt neben dem Jakobsweg,
und gab ihm den Namen ,Santa María la Real de Nájera'.
In Burgos wiederum steht, wenn nicht unbedingt die eindrucks-
vollste, so doch die größte Kathedrale auf dem Jakobsweg. In
dem 108 Meter langen und 84 Meter hohen Gotteshaus ruhen
die Gebeine des spanischen Nationalhelden ,El Cid' (1043-
1099). Durch Intrigen aus dem Reich verbannt, kämpfte er
vorübergehend für die Mauren, bevor er sich zurück auf die
christliche Seite schlug und 1094 Valencia eroberte, das er bis
zu seinem Tod unter christlicher Herrschaft hielt. Mitte des
12. Jahrhunderts entstand das ,Poema de mío Cid', durch das
,El Cid' zum Inbegriff des edlen spanischen Ritters wurde.*

Eine Spanierin kuschelt sich in meinen Schlafsack

Am Ortseingang von León tausche ich die Entbehrungen der Meseta gegen die bunten Verlockungen der Zivilisation ein. Was für ein Wechsel! In den Fußgängerzonen der Stadt rempeln mich Touristen an, aus den Bars ertönt Musik, und der Geruch von Parfum mischt sich mit dem Zuckergeschmack aus den Konditoreien. Sympathischerweise verfügen die Einwohner Leóns über die typisch spanische Eigenschaft, ihre Religiosität in erster Linie als rauschendes Lebensfest zu zelebrieren. So versinke ich in der gotischen Kathedrale *Santa María de la Regla* gegenüber des 1.800 m² großen runden Buntfensters an der Vorderfront in Gedanken und schließe mich beim Hinausgehen einem lustigen Pilgertrupp an, der aus einer Deutschen, einem Slowaken und einem Australier besteht. Kurz darauf stößt noch eine Italienerin dazu, die mich ständig zu einem Café einladen will. Die Rollenverteilung im Süden beginnt mir zu gefallen, und genau so sollte es weitergehen. Denn nach dem Pilgergottesdienst in einem Nonnenkloster kehre ich zurück zur Herberge und finde dort zu meinem Erstaunen eine junge Spanierin vor, die sich in meinen Schlafsack kuschelt. „Ach, weißt du, ich habe gesehen, wie du aus der Herberge gegangen bist, und da ich zu faul war, meinen Schlafsack auszubreiten, dachte ich mir, nehme ich halt deinen." Sie zwinkert mir schelmisch zu; woher weiß sie eigentlich, dass ich spanisch spreche? Ihre Augen sind schwarz wie Kohlestücke, das Licht der Decke spiegelt sich darin, und für einen Moment spüre ich etwas wie einen inneren Magneten, der mich heftig in ihre Richtung zerrt. „... dachte ich mir, nehme ich halt deinen." Dann erinnere ich mich, dass um uns herum etwa 150 Pilger sind und ich geradewegs aus einem Gottesdienst komme. Am nächsten Morgen sollte ich sie wieder sehen; sie ist mit dem Fahrrad von León nach Santiago unterwegs. Als sie mich überholt und ich sie *simpática* nenne, fällt sie fast vom Rad.

Als ich León verlasse, drückt man mir einen Flyer der Vereinigung *Marias Legion* in die Hand. In Navarra und der Meseta habe ich zuvor bereits Bekanntschaft mit den *Verteidigern Gottes* und den *Rittern Jesu* gemacht. Ein wirklich tiefer Glaube ist allgegenwärtig. Hier bin ich meilenweit entfernt von der Rationalität und der sarkastischen Ironie in meinem Heimatland, der berechnenden Witzigkeit, die alles, was über das Produzieren und Konsumieren hinausgeht, ins Lächerliche zieht. Stattdessen treffe ich vielerorts auf eine Aufrichtigkeit und Ehrlichkeit, die mich verblüfft, und die in vielen südamerikanischen Ländern noch ausgeprägter ist als in Nordspanien. Regelmäßig weinen Menschen in den überfüllten Kirchen, manche berühren mich und hoffen, dass dadurch ein Teil von ihnen mit nach Santiago gelangt, Andere stecken mir Zettel mit Wünschen zu oder bitten mich, in der Kathedrale von Santiago für sie zu beten. Und obwohl mir manches davon antiquiert und naiv vorkommt, tut es trotzdem gut, auf ein so konsequentes Gegenbild zur gewohnten Abgebrühtheit zu stoßen.

Belustigungen am Wegrand und echte Helden

Nach León lege ich richtig los. Es ist kein Plan, es ergibt sich einfach. Zunächst laufe ich ins 55 Kilometer entfernte Astorga, am nächsten Tag lege ich von dort aus die bisher längste Tagesstrecke zurück: 65 Kilometer über Gebirgsketten und das *Cruz de Ferro*, den am höchsten gelegenen Punkt des Jakobswegs in Spanien, bis in die Stadt Ponferrada. In León bin ich zusammen mit drei Spaniern aufgebrochen, lustige Burschen, die den Weg nach Santiago per Fahrrad zurücklegen und sich lautstark über die beste Zubereitung von Cocktails und das kommende Konzert der Anarchopunks *Ska-P* in Madrid unterhalten. *Ska-P* (die spanisch *escape* ausgesprochen werden und den Klassiker *Cannabis* produziert haben) kennt hier jeder. „Also, mein deutscher Freund, mach's gut, wir sehen uns ja wahrscheinlich nicht wieder!", haben die drei mir kurz nach León zugerufen. Umso größer ist ihr Erstaunen, als ich am selben Abend gut gelaunt im Foyer der Pilgerherberge von Astorga auftauche. Ab diesem Moment bin ich in ihren Augen ein Held und werde überall als derjenige vorgestellt, „der heute den ganzen Weg von León bis hierher gelaufen ist". Am nächsten Tag legen sie extra zehn Kilometer mehr zurück und stoßen bis Ponferrada vor – wo ich zweieinhalb Stunden später ebenfalls aufkreuze. „Guten Abend, wie geht's euch", sage ich betont lässig in ihre ungläubigen Gesichter, „nette Landschaft war das heute, was?".

Das sind kleine Belustigungen am Wegrand. Es gibt aber auch echte Helden des Jakobswegs. Es sind weniger diejenigen, die 50 Kilometer und mehr pro Tag zurücklegen. Es ist beispielsweise die knapp 80-jährige Frau, die ich beim Aufstieg zum Cruz de Ferro überhole, und die lieber ein Abenteuer erleben will, als vor dem heimischen Fernseher zu vegetieren und sich darum entschlossen hat, in kleinen, stetigen Etappen von

León nach Santiago zu laufen. Oder der junge Mann, der mir eines Morgens in einem Park einen Apfel unter die Nase hält und mich fragt, ob ich sein Frühstück mit ihm teilen will. Er hat nur noch ein Bein, und dennoch humpelt er jeden Morgen von Neuem los Richtung Santiago, lächelt anderen Wanderern zu und flirtet mit den Pilgerinnen.

Eine hoch motivierte Schnellfeuerwaffe

Ironischerweise wird in der Pilgerherberge von Astorga ein Stadtrundgang angeboten. Interessante Idee, sich nach 55 Kilometern Fußmarsch auf eine kleine Stadtbesichtigung zu begeben. Dabei fällt mir wieder auf, wie laut und lebendig selbst die kleineren Städte in Spanien sind. Astorga liegt auf einer Anhöhe, bereits von Weitem sieht man seine Stadtmauern. Stolz blickt es auf seine Umgebung herab. In der Altstadt reiht sich Kirche an Kirche, und unsere Reiseleiterin scheint sich vorgenommen zu haben, sie alle zu besichtigen. Dabei zeigt sie ganz aufgeregt auf die alten Inschriften, fuchtelt mit ihrem Fächer vor der Nase herum und lässt gleichzeitig einen Schwall Worte auf uns regnen, der sich wie eine Maschinengewehrsalve anhört. Zum Durchladen holt sie zwischen manchen Sätzen tief Luft, was wiederum an das schrille Pfeifen eines entfernten Zuges erinnert. Die Frau ist ein Phänomen, eine echte Spanierin, die sich einen Teufel darum schert, ob wir etwas von dem verstehen, was sie auf uns loslässt, und mir fällt auf, dass ich zeitweilig gar nicht mehr auf den Inhalt ihrer Worte achte, sondern nur staunend versuche herauszufinden, wo ein Satz aufhört und der nächste beginnt. Generell ist das ursprüngliche Spanisch –

castellano – wie es in Zentralspanien gesprochen wird, äußerst zackig und besteht vor allem aus abgehackten Worten, wobei es die Einwohner des Landes dank jahrelanger Übung dennoch hinbekommen, das Ende eines Wortes manchmal, aber nicht immer, nahtlos mit dem Anfang des folgenden Wortes zu verschmelzen. Eine Meisterleistung, wenn man mich fragt. Darüber hinaus leisten sich die Spanier einige kleine Schmunzeleien, wie zum Beispiel die lässige Angewohnheit, auf sämtliche Personalpronomen zu verzichten: Hier sagt man nicht ‚ich gehe' (*yo voy*) oder ‚weißt Du?' (*¿sabes tú?*), sondern nur *voy* und *¿sabes?*, denn wer gemeint ist, erkennt man ja an der Form des Verbs. Erschwerend kommt hinzu, dass sich die Einwohner dieser Halbinsel nicht entscheiden können, ob sie den Buchstaben ‚v' nun eher wie ein ‚w' oder doch lieber wie ein ‚b' aussprechen wollen, dass sie das ‚r' manchmal rollen – ganz besonders wenn sie aufgeregt sind – aber nicht immer, und dass das ‚c' und das ‚z' manchmal gelispelt wird, aber – genau: nicht immer. Interessant hört sich das beispielsweise an, wenn ein Energiebündel wie unsere Reiseleiterin den Namen der schönen südspanischen Stadt *Jerez* ausspricht: Chchärrrässs!!! – da sucht man automatisch nach Deckung. Vor allem weil bei der letzten Silbe abrupt die Zunge vorschnellt und gefährlich zwischen den Lippen vibriert. Viele sagen, dass sich das Spanische nur über das Gefühl erschließt; mit Logik ist da nichts zu machen. Nicht dass das Deutsche mit seinen ‚Tierkörperbeseitigungsanlagen' und ‚Bundesjugendausbildungsförderungsgesetzen' einfacher wäre, im Gegenteil: Während die Spanier beispielsweise effizient mit Artikeln und Pronomen umgehen, reihen wir solch nichtsnutzige Einsprengsel oftmals inflationär aneinander. Oder was soll man von einer Sprache halten, bei der der Satz ‚Die, die die, die die Wiese betreten, anzeigen, werden belohnt' Sinn macht?

Ich bin jetzt etwas vom Thema abgekommen, aber das liegt nur daran, dass mich diese energiegeladene Reiseleiterin abgelenkt hat: So was kann einen ganz schön aus der Bahn werfen! Jedenfalls besichtigen wir unter Anleitung unserer hoch motivierten Schnellfeuerwaffe die Kathedrale von Astorga, die wirklich etwas hermacht, imposant von außen und kunstvoll verziert von innen, und auch die zweite Kirche beeindruckt uns sehr. Als sich allerdings die Türme eines dritten Gotteshauses in unser Blickfeld schieben, auf dessen Eingangsportal unsere Reiseleiterin zielstrebig zuhechtet, runzelt sogar die schüchterne Belgierin neben mir, der ich Teile der Wortsalven zu übersetzen versuche, die Stirn und zeigt verhohlen auf einen Supermarkt. In einem Akt von immenser Symbolkraft lassen wir daraufhin das Gotteshaus links liegen und begeben uns stattdessen in den Konsumtempel, wo wir unser Abendessen kaufen und uns anschließend im Foyer der Pilgerunterkunft darüber hermachen. Ich weiß an dieser Stelle nicht, wie es den anderen Pilgern ergangen ist; ich weiß nur, dass Astorga über mehr als ein Dutzend Kirchen verfügt ...

In der Räuberhöhle von Foncebadón

Am nächsten Morgen verlasse ich Astorga kurz vor Sonnenaufgang. Meine Beine schieben mich fast automatisch vorwärts, kein Vergleich mehr zu meinen

Mühen in den Schweizer Bergen. Bis zum Mittag habe ich dreißig Kilometer zurückgelegt und kaum bemerkt, dass es dabei stetig bergauf gegangen ist. In dem knapp 1.400 Meter hoch gelegenen Gebirgsdorf Foncebadón, das, wenn ich richtig gezählt habe, aus insgesamt acht Häusern besteht, entschließe ich mich zu einer ersten Pause und trete in eine Bar. Nun ist der Akt des Eintretens in eine Bar an sich nichts Außergewöhnliches; vermutlich treten in dem Moment, in dem ihr diese Zeilen lest, Tausende von Menschen irgendwo auf der Welt in eine Bar. Doch als ich in das Gasthaus von Foncebadón eintrete, bleibt mir trotzdem der Mund vor Staunen offen. Das hier ist keine gewöhnliche Kneipe. Das hier ist eine Räuberhöhle! Die Wände, an denen riesige Kuhfelle hängen, sind aus Stein. Selbst gezimmerte Holztische stehen chaotisch im Raum, ein alter Kamin flackert im Hintergrund. Als ich eintrete, tönen mir uralte keltische Rhythmen entgegen, und die Luft ist erfüllt von herzhaften Gerüchen nach geräuchertem Schinken und frischem Käse. Soweit eingestimmt werfe ich einen Blick in die Runde. Eine bereits angeheiterte Pilgergruppe hat sich am hinteren Tisch niedergelassen und diskutiert eifrig mit dem Barbesitzer, der mit dem Rücken zu mir steht. Als er mein Eintreten aus den Augenwinkeln bemerkt, dreht er sich langsam zu mir um.

Ich blicke in ein derbes, von Wind und Sonne gegerbtes Gesicht, aus dem heraus mich zwei dunkle Augen wie Abgründe fixieren und das von wilden pechschwarzen Locken umrahmt wird. Über einem lange nicht mehr gewaschenen Vollbart schnellt eine Nase hervor, die beinahe erschreckende Ausmaße besitzt und schwungvoll abwärts gebogen ist. Als stürze ein reißender Wasserfall über eine Steilklippe. Weiter unten schließt sich ein mit Flecken übersätes Rüschenhemd an, das in eine dunkelgrüne Lederhose übergeht. Ein Lendenschurz, der den nicht eben geringen Bauchumfang umfasst, hält die ganze Pracht zusammen, und ein riesiges Messer, das der Fremde in seiner rechten Pranke hält, rundet das Bild vollends ab. Der Barbesitzer von Foncebadón sieht aus wie ein Bilderbuchräuber, und er verhält sich auch so. „Na, da haben wir ja einen neuen Gast", schreit er mir ins Gesicht. In diesem Tonfall hätte er auch „Hände hoch, du elender Wicht" oder etwas Ähnliches rufen können. Vielleicht sollte ich ihm sagen, dass gar kein Grund besteht, so herumzubrüllen: Immerhin stehe ich genau vor ihm, und mit dieser Stimme könnte er einen ausgewachsenen Bären in die Flucht schlagen oder eine Kuh betäuben. „Was darf's denn sein?", schmeißt er mir entgegen, und als ich etwas von *jamón* murmele, packt er sein Messer und hackt auf einen riesigen Schinken ein, den er mir zusammen mit einem halben Liter Wein auf einem Holzbrett serviert. So komme ich zu einem rustikalen Mittagessen. Als ich gerade aufbrechen will, kommt neuer Besuch in das Gasthaus: Die drei Spanier, die Radfahrer, die ich seit León immer wieder einhole, betreten die Bar. Wie immer sind sie perplex, mich hier anzutreffen, und ihr Staunen steigert sich zudem exponentiell, als sie Mister Hotzenplotz entdecken. Als sie ihm jedoch stecken, dass ich vorgestern noch in León war, beginnt er in mir so etwas wie einen Verbündeten gegen ‚diese ganze verweichlichte Jugend' zu sehen, was mir dann doch zu bunt wird. Wenn der wüsste, dass ich an keinem Kiosk vorbeigehen kann, ohne mir ein Eis zu kaufen, und dass ich panische Angst vor Wespen habe, würde er wohl kein Wort mehr mit mir wechseln. Oder gleich Hackfleisch aus mir machen, so wie er vorhin den Schinken malträtiert hat. So aber fürchte ich, dass er mir irgendwann auf die Schulter klopfen wird und mir „Solche Männer brauchen wir!" oder etwas ähnlich Unpassendes entgegen schreit, und mache mich, um das zu vermeiden, wieder auf den Weg nach draußen.

Das ‚Eisenkreuz'

Das Wetter hat gewechselt. Ein kühler Wind zerrt an meinen Haaren, die ersten Wolken schieben sich über die Bergspitzen. Aus meiner leidvollen Erfahrung in Frankreich habe ich gelernt, dass es keine allzu gute Idee ist, während eines Gewitters auf einem freien Feld zu stehen. Schon gar nicht aber sollte man sich im Gebirge aufhalten. Noch bleiben mir allerdings ein paar Stunden, also marschiere ich schnurstracks zum *Cruz de Ferro*, dem ‚Eisenkreuz', mit 1.500 Metern der am höchsten gelegene Punkt auf dem spanischen Jakobsweg. Das Eisenkreuz schraubt sich auf einem etwa fünf Meter hohen Steinhaufen den Wolken entgegen. Es ist eine Tradition des Jakobswegs, dass Pilger einen Stein mit nach oben tragen und als Zeichen der Absolution für ihre Sünden an diesem Kreuz niederlegen. Der höchste Punkt des spanischen Jakobswegs ist außerdem übersät von Botschaften: T-Shirts flattern wie Flaggen im Wind, auf Mützen, Zetteln, Steinen liest man *paz por el mundo* und immer wieder *Ánimo!*, als Ermutigung für nachfolgende Wanderer. So ist das *Cruz de Ferro* ein buntes, wohltuend chaotisches Monument, das sich ständig verändert und darum immer wieder neu zu entdecken ist.

Pilgerherberge in der Meseta, im Vordergrund „Ánimo" (= "Mut / „Wille")

In Molinaseca, meiner letzten Station vor Ponferrada, feiert die Jugend heute das ,Fest des Wassers'. Die Regeln dieses Festes sind nicht sonderlich komplex: Das Ziel besteht darin, mit einem Eimer Wasser durch die Dorfgassen zu laufen oder an einem Fenster der oberen Stockwerke zu lauern, um möglichst vielen Einwohnern den Inhalt des Eimers zugute kommen zu lassen. Mit feierlicher Inbrunst kommen die jugendlichen Dorfbewohner dieser Aufgabe nach. Links und rechts von mir spritzt und platscht es unaufhörlich, und ich werde Zeuge manch unfreiwilliger Dusche. Gleichzeitig spritzen die öffentlichen Lautsprecher Molinasecas Reggae- und Salsarhythmen in das Dorf, und auf dem Hauptplatz tanzen einige durchnässte Gestalten.

Anne und Pascal

In der örtlichen Herberge halte ich ein Schwätzchen mit dem spanischen Gastgeber, der mir daraufhin unbedingt die Übernachtung schenken will: „Man sieht es dir an, dass du glücklich bist, man liest es in deinen Augen". Trotzdem beschließe ich, vollends nach Ponferrada zu gehen, wo ich nicht nur die drei Rad fahrenden Spanier vermute, sondern auch Anne und Pascal, mit denen ich mich in den vergangenen Tagen angefreundet habe. Anne ist eine hoch gewachsene Sportlehrerin aus Issy-les-Moulineaux mit viel Sinn für ironische Wendungen, Pascal ein zäher Bursche aus der Normandie, der über ein strahlendes, willkommen heißendes Lächeln verfügt. Jedes Jahr entscheidet, immer abwechselnd, einer der beiden, wie die sechs Wochen Sommerferien verbracht werden sollen. Der Jakobsweg war Annes Idee; davor waren die beiden in Nepal. Im nächsten Jahr soll es nach Grönland gehen. Anne schiebt sich mit großen Schritten voran, die Fußspitzen leicht nach innen gedreht, und ihre wohlüberlegte Art, die keine hastigen Wendungen zulässt, erinnert mich an die souveräne Anmut einer Giraffe. Im Vergleich dazu macht Pascal kleinere, schnelle Schritte; er wirkt sehr leichtfüßig, legt aber in jeden Schritt dermaßen viel Entschlossenheit, als könnte es sein letzter sein, und darum ist er für mich der Bewegungstyp *Leichtgewichtsboxer*. Wie man an ihrer originellen Art, die Ferien zu verbringen, bereits erkennt, sind Anne und Pascal gemeinsam und jeder für sich eigensinnig und äußerst freiheitsliebend. Sie folgen ihrem eigenen Rhythmus, weswegen wir uns, obwohl wir in Tosantos und Burgos gemeinsam übernachtet haben, zwischendurch immer wieder aus den Augen verlieren, um uns anschließend auf wundersame Weise auf dem Weg wieder zu finden.

Kaum bin ich in Ponferrada angekommen, prasselt das Gewitter los, dessen Vorboten mich seit Foncebadón begleitet haben. Hagelkörner peitschen auf den Lehmboden des Geländes, auf dem ich mich in ein von der spanischen Armee gespendetes Zelt für Pilger zurückgezogen habe. Aus dem Zelt gegenüber winken mir Anne und Pascal zu, lachend zeigen sie auf einen Topf dampfender Suppe, über den wir uns unverzüglich hermachen. Wieder einmal bin ich den beiden zwar gewollt, aber auch dank einem Quäntchen Glück, in die Arme gelaufen, und von nun an sollten wir bis Santiago mehr und mehr Zeit miteinander verbringen. Gemeinsam machen wir uns am nächsten Morgen daran, die letzten Kilometer der Region *Castilla y León* zurückzulegen, um anschließend das sagenumwobene Bergdorf *O Cebreiro*, unsere erste Station in Galizien, zu erreichen.

Jakobspilger, Darstellung von 1568

Galicia

Ankunft an der Todesküste

Galizien ist vermutlich die sonderbarste Region Spaniens. Im sechsten Jahrhundert vor Christus wanderten hier die Kelten ein und hinterließen ihre Spuren vor allem in der Sprache, dem *gallego*, und der Musik, die auch heute noch zumeist mit Einsatz der *gaita*, des galizischen Dudelsacks, gespielt wird. In den Ritualen und Bräuchen der Region leben zahlreiche keltische Elemente weiter, dem Meer und den Steinen spricht man übernatürliche Kräfte zu. Der Totenkult spielt eine entscheidende Rolle, und viele Galizier glauben an Seelenwanderung und Hexerei. Parallel dazu ist der Einfluss der katholischen Kirche nirgendwo im gottesfürchtigen Spanien größer als hier, was vor allem auf die Entdeckung des Apostelgrabs und die Entwicklung von Santiago de Compostela zu einem der bedeutsamsten Wallfahrtsorte zurückgeht. Seit 1981 besitzt Galizien einen besonderen Autonomiestatus und verfügt über ein eigenes Parlament. Wirtschaftlich zählt es zu den unterentwickeltsten Regionen Spaniens, über die Hälfte der knapp drei Millionen Galizier arbeitet in der Landwirtschaft oder im Fischfang. Seit etwa 1950 verzeichnet die Region einen Emigrationsboom nach Südamerika; in Buenos Aires leben mittlerweile mehr Galizier als in jeder galizischen Stadt.

Marc

Und in Galizien regnet es an fast 300 Tagen im Jahr. Umhüllt von meinem Regenschutz erreiche ich am späten Nachmittag den Grenzstein, der nach den vielen schweizerischen Kantonen, nach den zahlreichen französischen Départements und den spanischen Regionen *Navarra*, *La Rioja* und *Castilla y León* die letzte noch verbleibende Region auf meinem Weg ankündigt. Ich bin mit Marc unterwegs, einem Philosophielehrer aus dem Elsass, der seine Worte mit Bedacht wählt. Niemals entschlüpft ihm eine Belanglosigkeit; Gesprächspausen nimmt er in Kauf, ohne die Stille mit einem hastigen Einsprengsel zu zerbrechen. Ein wortkarger eigensinniger Kauz, doch wenn er sich dazu durchringt, einen Satz zu äußern, kann man sicher sein, dass die Sache Hand und Fuß hat. Mir kommt es vor, als drehe er jedes Wort erst zwei Mal um, als betrachte er es prüfend von allen Seiten, bevor er es benutzt, und die Sorgfalt, die er in seine Auswahl legt, beeindruckt mich sehr. Zu meinem Leidwesen kann ich bei Marc keinen Bewegungstyp ausmachen, da er sich zum Schutz vor dem Regen in einen langen Mantel gehüllt hat. Vor 22 Jahren ist er diesen Weg bereits gegangen, damals hat ihm ein Mädchen übel mitgespielt. Jetzt ist er 44, und nach wie vor können die meisten Frauen wenig mit seiner wortkargen Intellektualität und seinem Interesse an verschachtelten Gedankengängen anfangen, was er mittlerweile jedoch mit mehr Gelassenheit hinnimmt.

Mit der Erfindung von Mann und Frau hat der liebe Gott seinem Hang zu ironischen Spitzfindigkeiten einmal mehr vollen Lauf gelassen. Die Erschaffung dieser beiden Kreaturen ist definitiv ein Meilenstein in seiner an sonderbaren Einfällen keineswegs armen Karriere als Schöpfer, ein Glanzlicht, mit dessen Konsequenzen wir uns durch die Jahrhunderte hindurch herumschlagen. Es muss mit einem schelmischen Augenzwinkern gewesen sein, als er neben uns einfach gestrickte, mit klaren Vorstellungen ausgestattete Zeitgenossen ein Wesen auf die Erde warf, dessen wundervoll subtiles, hochkomplex verzweigtes Gefühlsleben in schreiendem Gegensatz zu unserer simplen Geradlinigkeit steht, und bei dem keiner, am allerwenigsten es selbst, sagen kann, was es eigentlich will und was nicht, da sich eben dies alle paar Minuten mit einer Radikalität ändert, die uns zumeist fassungslos zurücklässt. Man könnte schon fast gottesfürchtig werden, wenn man bedenkt, mit welch perfekter Präzision Mann und Frau aneinander vorbei konstruiert sind: aufeinander angewiesen, aber vollständig unfähig, einander zu begreifen. Wie langweilig wäre das Leben ohne den täglichen Zündstoff, der aus den vergeblichen Versuchen entsteht, einander näher zu kommen! Fernsehsender würden eingehen, Magazine müssten Konkurs anmelden, und die Menschen würden in den Bars sitzen und wüssten nicht, was sie der besten Freundin oder dem besten Freund sagen sollen. Das alles lässt nur den Schluss zu, dass gerade die vollkommene Unverständlichkeit der jeweils anderen Art unser Glück ist, und wie landläufig bekannt haben insbesondere Frauen die Segnungen erkannt, die in der Kunst, sich darüber zu beschweren, stecken. Sie beschweren sich über Männer, Handlungen und Motive, über zu viel und zu wenig Arbeit und über zu viel und zu wenig Beachtung; sie beschweren sich mit Blicken, Gesten und vor allem mit Worten, geschrienen, abgehackten, vor Wut zitternden, gehauchten, geflüsterten, in echten Tränen erstickten, mit künstlichen Tränen garnierten Worten. Worte, die über uns kommen wie ein Heuschreckenschwarm über ein Getreidefeld, eine gründliche flächendeckende Zerstörung. Worte aber auch, die von den logisch

hergeleiteten Entgegnungen Marcs zurückgeschmettert wurden,
return to sender, oder die in den verwinkelten Abgründen
seines wortkargen Wesens verschwanden wie in einem schwar-
zen Loch.

O Cebreiro ist ein Zufall

Zusammen mit Marc komme ich kurz nach Sonnenuntergang in dem sagenumwobenen Bergdorf O
Cebreiro, der ersten Jakobsweg-Station in Galizien,
an. O Cebreiro ist ein Zufall, ein paar zusammen
gewürfelte Häuser aus der Keltenzeit, spektakulär in
die Mulde eines mit Felsbrocken überzogenen Hö-
hengrats gelegt. Links und rechts fällt der Blick Hunderte von Metern die zerklüfteten Steilhänge hinab,
und die Aufwinde fallen von allen Seiten über die
Häuser her. Galizien begrüßt uns mit all seiner be-
rüchtigten Rauheit: Horizontal treibt der Sturm den
Regen durch das Dorf, aus Hohlräumen pfeift und
heult es wie eine Schar junger Hunde, und die Temperatur nähert sich hier auf 1.200 Metern Höhe dem
Gefrierpunkt. Auf die Frage, wo wir übernachten
können, nickt der Herbergsbesitzer vier großen Ar-
meezelten zu, die genau am Rand eines Abgrunds
stehen, und murmelt eine Entschuldigung, die wir
erst begreifen, als wir durch den Eingang in das erste
Zelt blicken: Unsere heutige Unterkunft ist ein Stoff-
fetzen, der teilweise nicht einmal bis auf die Erde
hinunterreicht! Von zwei Seiten kriecht Feuchtigkeit
in das Zelt, und es ist nur noch eine Frage der Zeit,
bis sich der gesamte Untergrund mit Wasser voll
gesaugt haben wird. Auf diese ungemütliche Situation
reagieren wir mit zwei Gegenmaßnahmen. Erstens

versuchen wir, die vier Wände des Zeltes so gut es geht mit Steinen auf dem Boden zu halten, um zu verhindern, dass weitere Feuchtigkeit ins Innere vordringt. Und zweitens raunt mir Marc nach dieser Arbeit zu, dass wir die Nacht wohl nur heil überstehen werden, wenn wir ein bisschen beschwipst sind. Also gehen wir hinunter in das Dorf, um uns im örtlichen Gasthof gewissenhaft auf die unerfreuliche Nacht vorzubereiten. Dann kuscheln wir uns in Pullover und Regenjacke in unsere Schlafsäcke. Gegen vier Uhr morgens hat der Sturm unsere Steinvorrichtung überwunden und wirft die Zeltplane so ungestüm umher, dass ich manchmal innerhalb und manchmal außerhalb des Zeltes liege, je nach Windrichtung, aber das bekomme ich nur halb mit, da unsere zweite Taktik vorzüglich wirkt. Erst am nächsten Morgen werden wir uns der ganzen Kraft der Elemente bewusst. Meine Sachen liegen verstreut innerhalb und außerhalb des Zeltes, mein Schlafsack ist völlig durchnässt, und selbst nach Sonnenaufgang zeigt Marcs Thermometer 1°C an. In der Nacht hat es pausenlos geregnet und es scheint kein Ende mehr zu nehmen. Der Himmel ist schimmelig geworden, grauweiß, er presst sich an uns und betatscht uns mit seinen gierigen feuchten Händen. An diesem Morgen erlebe ich zum ersten Mal seit meinem Aufbruch vom Bodensee, was vielleicht auch zum Jakobsweg gehört, ja, was das Erleben dieses Pilgerwegs vielleicht erst vollständig macht: Zum ersten Mal, seit ich unterwegs bin, habe ich Lust, den Weg abzubrechen. Ja, ich will, dass es vorbei ist, ich habe keine Lust, durch den galizischen Matsch zu laufen und mich von den aufdringlichen Regenwolken befummeln zu lassen, ich will in Santiago sein oder, noch besser, bereits an der galizischen Westküste, ich will es hinter mich gebracht haben. Grummelnd ziehe ich mit großen Schritten los und lasse Marc hinter mir; ich will diesen Höhenzug so schnell wie möglich hinter mir wissen.

Die Legende des heiligen Grals in Galizien

Selbst für galizische Verhältnisse war dieser Winter streng, O Cebreiro durch dichtes Schneetreiben von der Außenwelt abgeschnitten. Dennoch machte sich an diesem Morgen ein frommer Bauer aus einer der Talsenken auf den mühevollen Weg hinauf zur Kirche, wo die Messe stattfinden sollte. Ein junger Mönch aus Aurillac war mit dieser Aufgabe betraut und der Bauer war heute sein einziger Zuhörer. „Was für eine Verschwendung", dachte der Mönch, der sich in diesem rauen Bergdorf unwohl fühlte, „die Messe zu halten für einen einzigen Zuhörer, noch dazu einen zerlumpten Bauern!". Lustlos begann er mit der Zeremonie, als er plötzlich ungläubig auf die Hostie vor ihm starrte. Vor seinen Augen verwandelte sie sich in rohes Fleisch; im Kelch wurde der Wein zu Blut, das aufschäumte und über den Rand floss. Die Kunde vom eucharistischen Wunder war Wasser auf die Mühlen des Gralsmythos. Der Kelch nimmt heute einen Ehrenplatz in der Kirche von O Cebreiro ein, und die Gebeine des Bauern und des Mönchs sind in der ‚Capilla del Santo Milagro', der Kapelle des heiligen Wunders, beigesetzt.

Schlecht gelaunt setze ich meinen Weg umso entschlossener fort. Zum Glück treffe ich nach knapp zwei Stunden auf zwei dick eingepackte Anti-Regen-Pakete, die sich beim Näherkommen als Anne und Pascal entpuppen. Wie ich grummeln die beiden etwas vom ‚pausenlos schlechten Wetter' und den ‚falschen Versprechungen der spanischen Tourismusindustrie', doch irgendwie heben sich unsere schlechten Stimmungen gegenseitig auf, und als wir in Sarria ankommen, hat sich der Regenguss bereits in einen leichten Niesel verwandelt. Wir stürzen in den ersten geöffneten Supermarkt; dann erwartet uns eine rustikale, aber trotzdem sehr erholsame Nacht in der örtlichen Turnhalle, die extra für uns Pilger mit Duschgelegenheiten und Toiletten ausgestattet worden ist.

Destination Santiago

Die verbleibenden 112 Kilometer bis Santiago legen wir in zwei Tagen zurück. In der malerisch an der Biegung eines Flusses gelegenen Stadt *Portomarín* essen wir zu Mittag; mittlerweile ist auch Marc wieder zu uns gestoßen. Unsere letzte Nacht vor Santiago verbringen wir in einer leer stehenden Pilgerhütte am Wegrand; in der Nähe bellt die ganze Zeit ein Hund. Am nächsten Morgen marschieren wir durch dichte Frühnebelfelder hinauf auf den Monte do Gozo, der letzten Anhebung vor dem galizischen Wallfahrtsort. Zu Ehren des Papstes wurde hier ein Denkmal errichtet, direkt darunter befindet sich eine der größten Pilgerherbergen des Jakobswegs. Auf dem Monte do Gozo herrscht fast immer emsiges Treiben: Pilger zu Fuß, per Fahrrad und zu Pferd kommen und gehen, und ein ständiges Gemurmel in den unterschiedlichsten Sprachen erfüllt die Luft. Im Sommer finden hier Freikonzerte und rummelartige Veranstaltungen statt. Marc entscheidet sich, die Nacht in der Jugendherberge des Monte do Gozo zu verbringen, während wir ,Neulinge' des Jakobswegs es kaum erwarten kön-

nen, endlich in der Stadt zu sein. Den ganzen Tag lang
habe ich einen Drang in mir gespürt, endlich an meinem großen Ziel anzukommen. Destination Santiago.
Die Stadt selbst sieht man erst, wenn man bereits fast
an den ersten Häusern angekommen ist. Und dann,
pünktlich mit einem Sonnenuntergang, der unsere vor
Anstrengung und Begeisterung rot gewordenen Gesichter nochmals hervorhebt, stehen Anne, Pascal und
ich vor dem Ortschild, auf dem der Name steht, den
ich seit meinem Aufbruch vom Bodensee Tausend
Mal gelesen, Tausend Mal gehört habe: Wir sind angekommen in Santiago de Compostela.

*Zeit unseres Lebens setzt man uns auf immer neue Fährten
an, jagt uns um immer neue Kurven. Man schickt uns eine
Kette aus Neuanfängen entlang, und jeder meint genau zu
wissen, was am besten für uns ist. Niemand aber zeigt uns
das, was jeden Neuanfang erst zu seinem logischen Ende führt,
niemand erklärt uns, wo wir ankommen können. So sind wir
ewig Suchende, ziellos Umherstreifende, in die Welt Geworfene, deren Schicksal es ist, nicht zu wissen, wo der Weg aufhören soll. Unser Leben ist eine Hinbewegung auf etwas, das wir
nicht kennen. Wir sind ständig in Fahrt, irgendwann in Lauf
gebracht, angestoßen wie eine Flipperkugel von einer riesigen
Sprungfeder, und damit von etwas, das uns hinterrücks erwischt und uns einer unbekannten Zukunft entgegen schleudert, und wie beim Flippern ist auch unser Leben ein chaotischer Tumult, ein undurchschaubares Tohuwabohu, das — und
darauf kommt es an — das aber doch auf irgendein Ziel hinausläuft, und damit auf etwas, das ihm eine Ordnung verleiht, das ihm ganz am Ende doch noch eine Struktur gibt, so
dass jede Kurve und alles, was uns anzieht und abstößt, im
Nachhinein einen Sinn ergibt. Und das ist im Grunde genommen das Leben, eine chaotische Bewegung auf ein Ziel hin.*

Der Haken an der ganzen Geschichte – denn natürlich muss diese Geschichte einen Haken haben, einen Knackpunkt, mit dessen Konsequenzen wir uns herumschlagen müssen – der Haken an der ganzen Geschichte ist, dass wir das Ziel erst entdecken, wenn wir es erreicht haben und plötzlich um die letzte Kurve gebogen sind, ohne geahnt zu haben, dass es die letzte Kurve sein wird, jede Kurve kann die letzte sein, aber es können auch noch Tausende folgen. Wir sind wie Flipperkugeln, die nicht wissen, dass jede ihrer Regungen, jeder neue Impuls sie weiterführt auf ihrem chaotischen Weg hin zu einem Schlusspunkt. Wir sind wie Jakobsweg-Pilger, die plötzlich in Santiago ankommen und nicht wissen, wie ihnen geschieht. Vielleicht hat der Jakobsweg – von den Flipperautomaten ganz zu schweigen – nicht zuletzt darum diesen unglaublichen Siegeszug angetreten, weil er eine perfekte Metapher für unser Leben ist, die unbewusst eine Saite in uns anstößt, deren Schwingung lange in uns nachhallt. Denn genau so verhält es sich ja im Großen: Die Entstehung neuer Arten durch Mutation, die etwas peinliche Geschichte mit dem Affen, das Überleben der am besten Angepassten, das alles ist eine chaotische Bewegung auf ein Ziel hin, das wir erst erkennen werden, wenn wir um die letzte Kurve gebogen sind, eine Bewegung, bei der jede Art der folgenden ein Merkmal wie ein Staffelholz überreicht, bis endlich, endlich, endlich eine Art den Mut findet, sich selbst als Ziel dieser schwindelerregend langen Kette aus Umständen zu sehen, bis endlich, endlich, endlich eine Art die Ungeheuerlichkeit dieses Geschenks begreift: Dass nämlich alle Arten vor ihr für sie gelebt haben. Und dass sie darum in ihr weiterleben und sie ihr Erbe weiter trägt. Eine schwindelerregend lange Kette aus Umständen. Ein atemlos machender Zug aus Bewegungen, jede für sich chaotisch wie eine umher geworfene Flipperkugel, aber auf ein Ziel gerichtet, das wir erst sehen werden, wenn wir es erreichen. Abgefahren. Der Wahnsinn, wenn man mich fragt. Wenn Gott wirklich existiert, muss er spielsüchtig sein.

Offizielle Anerkennung als Pilger

Die Ankunft in Santiago de Compostela ist ernüchternd, aber das liegt in erster Linie daran, dass jede Ankunft zu Fuß in einer großen Stadt ernüchternd ist; in Burgos und León ist es nicht anders gewesen. Lastwagen donnern die graubraunen Einfahrtstraßen an uns vorbei. Trotzdem gehen wir bis zur Westfront der berühmtesten Kathedrale Spaniens, dorthin, wo täglich Pilgerströme aus allen Richtungen eintreffen. Erst nach und nach wird uns bewusst, dass wir es tatsächlich geschafft haben, dass wir am Ziel sind: Santiago de Compostela, geistiges und kulturelles Zentrum Galiziens, katholischer Erzbischofssitz, Teil des Weltkulturerbes und mittlerweile wohl bedeutsamster Wallfahrtsort Europas. Ein knappes Drittel der 100.000 Einwohner sind Studenten; die Universität von Santiago stammt aus dem Jahr 1501. Die Stadt ist größtenteils aus Granit gebaut, massive, kunstvoll verzierte Gebäude links und rechts von engen Gassen und Fußgängerzonen prägen das Stadtbild.

Vor allem aber ist Santiago lebendig. Hier trifft man sie alle: bärtige Abenteurer, die mehrere Tausend Kilometer Fußmarsch hinter sich haben; religiöse Eiferer, die das Bildnis Marias mit sich tragen; leicht bekleidete Touristinnen, die ihre Reize spazieren führen; dickbäuchige Anzugträger auf der Suche nach dem besten Kuchen der Stadt; Einwohner, die sich geschickt durch das Touristengewühl hangeln und natürlich Pilger, mit Wanderstöcken, mit Jakobsmuscheln, mit Dreck in den Haaren und schmutziger Kleidung. Pilger, die auf den Stufen der Kathedrale zusammenbrechen. Pilger, die sich auf dem Hauptplatz umarmen. Pilger, denen die Anstrengung der Reise ins Gesicht geschrieben steht. Pilger mit leuchtenden Augen, die beim Betreten der Kathedrale in Tränen ausbrechen. Pilger mit sonnengebräunten Gesichtern, die ergriffen von der Messe wie angewurzelt auf ihren Plätzen bleiben. Pilger, die begeistert Beifall klatschen, wenn der riesige Weihrauchbecher, das Wahrzeichen der Stadt, in der Kathedrale über ihre Köpfe rauscht. Und Pilger, die plötzlich begreifen, dass sie es geschafft haben, dass sie angekommen sind, angekommen in Santiago. In einer Stadt, die von ständigem vielsprachigen Gemurmel

erfüllt ist. In einer Stadt, in deren historischem Zentrum von überall her Musik ertönt. In einer Stadt, in der die verführerischen Gerüche der frisch zubereiteten Meeresfrüchte, der *viera* (Jakobsmuschel) und des in ganz Spanien bekannten *pulpo* (Tintenfisch), mit dem Anblick der *tarta Compostelana* (einer speziellen Mandeltorte) und der nur hier erhältlichen *crema de orujo* (ein äußerst raffinierter Likör) eine Mischung ergeben, der man sich kaum entziehen kann.

Drei Tage lasse ich mich durch die Gassen Santiagos treiben. Ich lasse mich von der Straßenmusik wiegen und schwinge im Rhythmus der Besucherströme durch die Stadt. Zunächst besuchen Anne, Pascal, Marc (der in Santiago wieder zu uns gestoßen ist) und ich das zentrale Pilgerbüro. Wer zumindest 100 Kilometer zu Fuß oder 200 Kilometer per Fahrrad oder Pferd zurückgelegt hat, erhält hier seit dem 15. Jahrhundert die *Compostelana*, eine lateinische Urkunde als Beweis der erbrachten Pilgerleistung. Der Wegverlauf wird dabei durch Stempel nachgewiesen, die die örtlichen Herbergen in eigens entworfene ‚Pilgerpässe‘ drücken. Im Pilgerbüro macht die Angestellte, die sich um meine Angelegenheit kümmert, eine erstaunliche Wandlung durch: Misstrauisch blickt sie mich an, als ich als meinen Ausgangspunkt einen Ort angebe, von dem sie noch nie etwas gehört hat, ungläubig starrt sie daraufhin auf meine Pilgerpässe und zeigt meine Stempel ihrer Kollegin, bevor sie mir schließlich begeistert die unterschriebene *Compostelana* überreicht. Jetzt bin ich offiziell als Pilger anerkannt.

Die Pilgermesse von Santiago

Derart ausgerüstet nehme ich daraufhin an der zentralen Pilgermesse teil. Die Kathedrale von Santiago de *Compostela* ist nicht das größte Bauwerk dieser Art auf dem Jakobsweg, aber sie ist definitiv das beeindruckendste. Die Kreuzgänge des romanischen Gotteshauses beinhalten gotische Säulenformen und Renaissanceelemente; zahlreiche abgetrennte Räume bieten Möglichkeiten für innere Einkehr; und in der Krypta unter dem barocken Hochaltar liegt das Grab des heiligen Jakobus, Santiago el Mayor. Erst seit 1878 ermöglichte ein Umbau der Kathedrale den Zugang zum Apostelgrab. Nach jahrhundertealter Tradition drücken die Pilger zunächst die fünf Finger der rechten Hand gegen die Säule des Santo dos Croques und hoffen durch die gleichzeitige dreimalige Berührung der Statue mit dem Kopf, sich die Genialität des Baumeisters der Kathedrale, Mateo, anzueignen. Danach umarmen und küssen die Gläubigen den goldenen Baldachin, bevor es hinab zum Heiligsten geht, dem Grab des Apostels. Ein ständiger Pilgerstrom sorgt für Bewegung in der Kathedrale und während der Pilgermesse ist das Gebäude für gewöhnlich bis auf den letzten Platz besetzt.

Hauptattraktion ist dabei der über einen Meter hohe und 50 Kilogramm schwere *botafumeiro*, der Weihrauchkessel, der zum Abschluss der Messe von sechs Mönchen quer durch die gesamte Kirche geschleudert wird, dicht über die Köpfe der Zuhörer hinweg. Fällt der Namenstag des Jakobus, der 25. Juli, auf einen Sonntag, werden so genannte ‚Heilige Jahre' ausgerufen, in denen die *Puerta Santa*, die ‚Heilige Pforte' der Kathedrale, geöffnet ist, und die galizische Regierung das *Xacobeo*, ein kulturelles Begleitprogramm, für Pilger und Einwohner auf die Beine stellt, das mit Freikonzerten, Theaterstücken, Lesungen und vielem mehr die Tradition des Pilgerns, des Wanderns und des gemeinsamen Feierns unterstreicht.

Auch 2004 ist ein solches besonderes Jahr, und ich genieße den Wechsel aus Zurückgezogenheit in den Räumen der Kathedrale und dem bunten Treiben in Santiagos Altstadt. Trotzdem wird mir das alles mit der Zeit zu viel, ungewohnt ist der Trubel nach Wochen der Einsamkeit, und manches – beispielsweise ein Pappschild, auf dem ‚Hug the Apostel!‘ steht, oder eine Pilgerstatue aus Zuckerguss – kommt mir aufgebauscht und unnatürlich vor. Für mich ist jedenfalls in Santiago klar geworden, dass mein Weg hier nicht enden kann, dass ich weitergehen muss, weiter bis zu jenem sagenumwobenen galizischen Küstenort, den man hier in Galizien *Fisterra*, das ‚Ende der Welt‘, nennt. Aus Santiago nehme ich die Erinnerung an drei besondere Tage und mehrere unvergessliche Momente mit Anne, Pascal und Marc in der Kathedrale und den Gassen der Altstadt mit – und eine Stimmung, die der Weltreisende und Wahlspanier *Cees Noteboom* in Santiago dereinst so beschrieben hat: „An manchen Orten der Erde erhält auf geheimnisvolle Weise die eigene Ankunft oder Abreise durch die Empfindungen all jener, die hier früher einmal angekommen beziehungsweise wieder abgereist sind, eine besondere Intensität.“

Am ‚Ende der Welt‘

Nur wenige gehen nach der Ankunft in Santiago de Compostela noch weiter zu jenem Ort, den die frühen Pilger einst so eindrucksvoll geschildert haben. Man sehe dort das Meer, erzählten sie, und ganz am Ende, dort wo die Wellen den Horizont berührten, höre die Erde plötzlich auf und mache einer gespenstischen Leere Platz. Dort befinde sich das ‚Ende der Welt‘. Die Ankunft am übernächsten Abend sollte anders sein als in Santiago, anders und bedeutsamer als all meine Ankünfte zuvor. Bereits fünf Kilometer vor meinem Ziel, als sich die felsige Landzunge von Finis Terrae vor mir erstreckt wie ein schroffer, ausgestreckter Walrücken, habe ich das Gefühl, anzukommen, es geschafft zu haben. Ja, hier an dieser Stelle muss mein Jakobsweg enden, hier, an den steilen Felsen der Todesküste, am Ende der Welt, wenn der Blick nur noch Ozean und Horizont vor sich sieht, Blau mit Blau gemischt, Zukunft, sanfte Ewigkeit – hier, wo die Wellen jede Minute von Neuem wütend an Land springen, wo der Wind weiße Gischtfetzen hinaus auf die See schickt, hier, wo alles aufhört und alles neu beginnt, am äußersten Ende Galiziens, am Meer, am Ozean.

Am Meer, am Ozean. Ein Name reicht nicht aus, um die Stärke zu beschreiben, die Größe einzufangen. Das Meer ist Metapher für alles. Ursprung, Geburt, Leben. Chaos, Bewegung, Wandel. Tod, Rätsel, Ewigkeit. Das Meer ist das Absolute. Für uns ist es nur an den Rändern interessant, dort wo es Felsen aushöhlt, fruchtbare Landschaften erschafft und sich an goldgelbe Sandstrände schmiegt. Das aber liegt daran, dass wir nicht sehen, was unter der Oberfläche passiert. Die wahre Größe bleibt uns verborgen, den Reichtum und das Ausmaß der Kraft können wir nur erahnen. Auf dieser Erde mit ihren Winden und Wüsten, ihren Stürmen und Städten und ihren Lüften und Lebewesen, auf dieser Erde gibt es nichts Stärkeres als das Meer.

Drei Tage lang lasse ich die Erinnerungen an die vergangenen 2.500 Kilometer Fußweg auf mich regnen. Ich bin wieder in Konstanz, ich steige auf ‚s'Hörnli' und schicke meine Blicke die Felswände hinab, ich laufe im Zickzack durch militärisches Sperrgebiet, rechts und links von Maschinengewehrsalven. Ich starre ehrfürchtig auf die Genfer Wasserfontäne und folge den Gesprächen in der Jugendherberge. Ich überquere die Grenze zu Frankreich im Schlepptau der Vizepräsidentin der Freunde des Jakobswegs. Das Gesicht von Kurt weht durch meine Gedanken. Ich blicke in die strahlenden Augen von Saquina, lasse mich von den tänzelnden Schritten Laetitias leiten und erlebe das Wettrennen mit Pierre neu. Ich bin wieder im Nebel der Pyrenäen und treibe im Strom immer zahlreicherer Pilger Richtung Santiago. Im Wechsel von einsamen Halbwüsten und verheißungsvollen Städten durchquere ich Nordspanien, zusammen mit Marc übernachte ich frierend in O Cebreiro. Ich treffe Anne und Pascal wieder, eingepackt in Regenmäntel, ich schwinge gemeinsam mit ihnen im Rhythmus Santiagos durch den weltbekannten Wallfahrtsort, ich breche nochmals auf, durch Eukalyptuswälder und küstennahe Ebenen gehe ich, um endlich hier anzukommen, hier, am äußersten Zipfel der galizischen Westküste, zwischen dem Leuchtturm von Finis Terrae und dem Ozean. Ich habe es geschafft, ich habe den Weg beendet, ich habe einen Weg beendet.

Und angekommen bin ich an einem Ort, der hier Die *Todesküste* genannt wird. Der Küstenabschnitt zwischen Cabo Fisterra und den Inseln Sisargas ist voller Erinnerungen an Schiffskatastrophen; die Küstenorte Fisterra, Muxía, Camelle, Crome und andere sind Warnungen vor der tosenden See. Die Menschen in Fisterra sind gewöhnt an Stürme, an betäubende A-bende, an denen die Winde durch die Gassen der

Stadt wehen, an langsam zermürbenden, tagelangen Nieselregen, an die Launenhaftigkeit des Ozeans – und seit einigen Jahren sind sie auch an die Ankunft von immer mehr Gästen gewöhnt. Man kann sogar sagen, dass sie sich bestens auf die Bedürfnisse der Pilger und Touristen vorbereitet haben. In Restaurants und Souvenirläden bezahlt man grundsätzlich den ,Touristenpreis', der etwa ein Drittel über dem sonst Üblichen liegt; zusätzlich ,verrechnen' sich manche Verkäufer manchmal zu ihren Gunsten. Man kann es ihnen kaum verübeln: Sie wissen, dass wir Geld haben, dass wir zumeist in euphorischer Stimmung eintreffen, und dass wir uns vermutlich nicht mehr an sie erinnern werden, sollten wir eines Tages an diesen Ort zurückkommen.

Finis Terrae: Angekommen am „Ende der Welt"

Unter Pilgern ist es üblich, in Finis Terrae ein Kleidungsstück zu verbrennen oder zurück zu lassen, als symbolischer Akt der Läuterung, als Zeichen für das Ende eines Kreislaufs. Ich trenne mich von meiner

Mütze, die mich die ganze Zeit über begleitet und mich vor manchem Sonnenbrand bewahrt hat. Dann gehe ich ins Meer, tauche durch die Wellen und sammle Jakobsmuscheln, von denen es tatsächlich erstaunlich viele gibt. In der Jugendherberge von Fisterra erhalte ich eine weitere Urkunde: *O Concello de Fisterra acredita que Thomas Bauer chegou a estas terras da Costa da Morte e fin do Camino Xacobeo*, heißt es darin in bestem Galizisch. Ich habe es also geschafft, ich bin – nunmehr auch amtlich – angekommen am Ende des Jakobswegs.

Einem Weg, dessen Reiz in seiner Vielseitigkeit liegt. Einem Weg, der diejenigen, die auf ihm entlang gehen, stärker macht, selbstbewusster im Wortsinn. Einem Weg, der Entbehrungen als Chancen präsentiert und uns mit uns selbst konfrontiert. Der uns zwingt, uns ständig zu entscheiden: Nimmt man ein fünf Kilometer langes Teilstück bei Regen in Kauf? Welche Richtung schlägt man ein, wenn an einer Weggabelung kein Hinweisschild steht? Manchmal muss man umkehren, wenn sich ein Weg als der falsche herausstellt, und manchmal muss man einen anderen Weg trotz Hindernissen und einer Sturmfront zäh bis zum Ende gehen. Der Jakobsweg ist eine Metapher für unser Leben, in dem wir gegen Widerstände ankämpfen, oft die Richtung wechseln müssen und am Ende dennoch unser Ziel erreichen. Sonne, Staub, Übernachtungen auf alten Matratzen, unvergessliche Begegnungen und das große Geheimnis des eigenen Wesens, das ist der Jakobsweg.

Ein Weg, der uns bei unserer Ankunft einen Ort schenkt, einen Ort wie Finis Terrae, an den man zurückkehren kann in Gedanken. Ein Weg, der die ehrliche Auseinandersetzung mit uns selbst verlangt – „Zwo, eins ... Risiko!", wie es *Darkwing Duck* (,Der Schrecken, der die Nacht durchflattert') zusammenfasst – und uns dafür einige magische Momente schenkt. Unbeschreiblich die sanfte Spannung, die in der Luft liegt, wenn man von einer Anhöhe auf ein im Schatten eines Abends dösendes Dorf blickt, in dessen Gassen die Menschen umherlaufen wie Ameisen. Und man weiß, dass man in einer Stunde ebenfalls diese Gassen entlanglaufen wird, eine Ameise für privilegierte Beobachter. Anmaßend zu meinen, man könne die Atmosphäre des gegenseitigen Respekts, des selbstverständlichen Teilens, die den Jakobsweg prägt, in diesen Zeilen weiterreichen. Unmöglich, den würzigen Duft eines blühenden Lavendelfelds, das Geräusch des Windes, der durch ein Kornfeld streicht, das Flimmern der Luft an einem heißen Nachmittag, ein Meter über dem Boden, und das Lächeln zweier Pilgeraugen im Staub der Meseta mitzuteilen. Der Jakobsweg enthält mehr, als Worte nach außen tragen können.

Die Stimmung auf dem Jakobsweg ist unbeschreiblich. Es ist keine Attraktion, die man konsumiert. Es ist keine Sensation, die man erlebt. Es ist das Leben.

Nachwort

Camino de Santiago

Die Legende des Jakobswegs beginnt im Jahr 813 mit der spektakulären Entdeckung der Grabstätte von Jakobus dem Älteren, einem der zwölf Apostel Jesu. Welche Bedeutung dieser Fund für das christliche Europa hatte, wird deutlich, wenn man sich die Situation in Spanien zu jener Zeit vor Augen führt.

Gegen Ende des siebten Jahrhunderts, etwa hundert Jahre vor der Entdeckung des Apostelgrabs, setzten 18.000 maurische Krieger unter Führung des Emirs Musa Ibn Nusair al-Babkri über das Mittelmeer. Vom heutigen Algeciras aus folgten sie dem Verlauf des Guadalquivir und eroberten innerhalb weniger Monate Südspanien. Ein Grund für den schnellen Vormarsch der zahlenmäßig unterlegenen Araber war ihre neuartige Militärtaktik: Angriffen von beweglichen Heeren mit leichter Bewaffnung auf schnellen, wendigen Pferden hatten die spanischen Verteidiger, die mit Körperpanzerung und Schwert kämpften, wenig entgegen zu setzen. Der innere Verfall des westgotischen Reiches, vor allem unter König Roderich, tat sein Übriges. Nach der Einnahme Toledos hatte das Westgotenreich aufgehört zu existieren, und Spanien war in weniger als drei Jahren von den Arabern erobert worden.

Mit einer Ausnahme: Im Nordwesten des Landes kämpften galizische Heere erbittert gegen die Fremdherrschaft. Es gelang ihnen, die Unabhängigkeit eines Landstrichs zu erhalten, der sich im Norden der Iberischen Halbinsel von der Atlantikküste Galiziens bis zu den Pyrenäen zieht. An den Grenzen dieses Gebiets herrschte ständiger Kriegszustand. Das rebellische Volk im Norden war den Mauren ein Dorn im Auge, und seine Einwohner lebten in ständiger Furcht vor einer arabischen Eroberung.

Das ist die historische Ausgangslage, als ein einfacher christlicher Mönch namens Pelayo im Jahr 813 die karge Gegend Galiziens im äußersten Nordwesten Spaniens durchstreift, um einen Platz zum Meidtieren zu finden. Noch ahnt er nicht, dass er heute eine Entdeckung machen wird, die das Machtgefüge in Europa für immer verändern wird, die dazu beitragen wird, dass hier die Aufklärung stattfindet und dass christliche Kirchen statt Moscheen erbaut werden. Denn das, was der galizische Einsiedler in Nordspanien finden wird, sollte einer der entscheidenden Impulse werden, die zum Ende der maurischen Fremdherrschaft beitragen.

Ein mysteriöses Sternenfeld führt Pelayo zu einer Grabstätte, die man als letzte Ruhestätte eines Heiligen erkennt: Jakobus des Älteren, *Santiago el Mayor*, der erste Apostel von Jesus Christus, der ermordet wurde, und der einzige, der je in Europa missioniert hat. Als der Bischof den Fund bezeugt, verbreitet sich die Nachricht vom Auffinden des Jakobus wie ein Lauffeuer. Im 9. Jahrhundert entwickelt sich ein regionaler Kult um das Grab des Apostels, im 10. Jahrhundert ist es in ganz Südeuropa bekannt und im 11. Jahrhundert wird die Ruhestätte des Jakobus nach

Jerusalem und Rom zum drittgrößten Wallfahrtsziel der Christenheit.

Die Nachricht des sagenhaften Fundes im fernen Galizien wirkt auf die europäischen Christen wie das lang ersehnte Zeichen vom Anfang des Endes der arabischen Fremdherrschaft. Die *Reconquista*, die Rückeroberung der Iberischen Halbinsel, gewinnt an Kraft. In der entscheidenden Schlacht von Clavijo erscheint den christlichen Heeren Jakobus hoch zu Pferd als *matamores* (‚Maurentöter'), was wie ein göttlicher Ansporn auf die zahlenmäßig unterlegenen Verteidiger wirkt. Sie erringen einen ersten wichtigen Sieg über die Araber. Der heilige Jakobus wird zum Schutzpatron der *Reconquista*, Pilgerscharen strömen nach Santiago.

Natürlich ist das, wie eingangs erwähnt, eine Legende, die insbesondere von der findigen spanischen Kirche kunstvoll um die wahren Ereignisse herum konstruiert wurde. Aber es ist eine Legende, in der sich die Geschichte Europas widerspiegelt, und in der die Ängste und Hoffnungen insbesondere der katholisch geprägten Südvölker präsent sind.

Ähnlich der Geschichte um die Entdeckung des Apostelgrabs lässt sich das, was wir über das Leben des Jakobus wissen, auf vielerlei Arten erzählen. Als gesichert gilt, dass Jakobus der Ältere ein einfacher Fischer war, bevor er zu den ersten vier berufenen Jüngern von Jesus Christus gehörte (Markus 1,19). Gemeinsam mit Petrus und Johannes nimmt Jakobus eine hervorgehobene Position unter den Jüngern ein: Unter anderem ist er bei der Verklärung Jesu (Markus

9,2) und der Nacht am Ölberg (Markus 14,26) anwesend. Jakobus war Mitbegründer der Urgemeinde in Jerusalem und erlitt im Jahr 44 n.Chr. als erster Apostel das Martyrium: „Um dieselbe Zeit legte König Herodes [Agrippa] Hand an einige Angehörige der Gemeinde [...] Er ließ Jakobus mit dem Schwerte hinrichten." (Matthäus 4,21-22)

An dieser Stelle beginnen nun, ähnlich wie bei Pelayos Entdeckung des Apostelgrabs, sagenhafte Geschehnisse und mündlich weitergegebene kühne Gedanken die Fakten abzulösen. In einer abenteuerlichen Fahrt, die sieben Tage dauerte, überführten demnach die Anhänger des Jakobus den Leichnam an einen Ort, wo er vor dem Zugriff der römischen Herrscher sicher sein sollte: Südlich vom ‚Ende der Welt‘, dem Kap Finisterra im äußersten Nordwesten Spaniens, ging die kleine Gruppe an Land und begrub die sterblichen Überreste des Apostels in der kargen menschenleeren Landschaft Galiziens, eben dort, wo der wandernde Einsiedler Pelayo sie fast 800 Jahre später entdeckte. Bereits wenige Jahre nach dieser Entdeckung wurde eine Kathedrale über dem Grab des Jakobus errichtet, und mit der Zeit wuchs dank immer größerer Pilgerströme eine Stadt um die Kathedrale heran. Eine sagenumwobene wohlhabende Stadt, Ziel unzähliger Pilger und Hoffnung für die unterdrückten Christen in ganz Südeuropa. Zum Andenken an die Umstände, dank denen das Grab des Apostels gefunden wurde, wird diese Stadt seither *Santiago* (‚heiliger Jakobus‘) *de Compostela* (‚des Sternenfeldes‘, von lat. *campus stellae*) genannt.

Vor allem im Mittelalter machten sich Hunderttausende Pilger aus ganz Europa auf den Weg nach Nordspanien. Mit der Zeit entstanden mehrere Hauptrouten, die von allen Himmelsrichtungen kommend nach Santiago de Compostela führen und dabei weitgehend den alten Handelsstraßen folgen. Am bekanntesten ist sicherlich der *camino francés*, der französische Weg, der von der baskischen Stadt Puente la Reina nach Santiago führt. In Frankreich existieren vier durchgängig ausgeschilderte Zubringer zu diesem Weg: Die *via tolosana* von Arles über Toulouse, die *via lemovicensis* von Vézelay über Limoges, die *via turonensis* von Paris über Bordeaux und die bekannteste und landschaftlich wohl reizvollste Variante *via podiensis*, die von Le Puy über Conques und Cahors nach Roncesvalles führt. Neben dem *camino francés* kommen Pilger auch von Norden über A Coruña, von Süden auf der *via de la Plata* über Sevilla und vom Nordosten über die Wege der spanischen Nordküste nach Santiago.

Seit der Europarat 1987 den *camino francés* offiziell zum ‚Europäischen Kulturweg' ernannte, der zudem seit 1992 von der UNESCO zum Weltkulturerbe gezählt wird, erfährt die Tradition des Pilgerns in ganz Europa eine Renaissance, die dazu führt, dass immer neue Teilstücke der alten Wallfahrtswege neu entdeckt und ausgeschildert werden. So gibt es für heutige Pilger beispielsweise Wege ab Prag über Nürnberg und Ulm oder ab Görlitz über Leipzig und Erfurt und von dort nach Würzburg. Ein Münchener Weg nach Lindau ist eröffnet, ebenso ein Zubringer mit Ausgangspunkt Salzburg. Auch von Budapest aus können sich Unerschrockene auf den Weg quer durch Österreich machen, um am Bodensee auf die anderen Wege zu treffen. Dabei bildeten sich mit der Zeit mehrere Sammelpunkte für Pilger heraus, beispielsweise das traditionsreiche Aachen, das schweizerische Einsiedeln und der französische Wallfahrtsort Le Puy. Wanderer aus aller Welt lassen somit eine Tradition wiederaufleben, deren Bedeutung für den Austausch von Ideen und Wertvorstellungen und für die daraus resultierende Herausbildung eines gemeinsamen Bewusstseins bereits Goethe Anfang des 19. Jahrhunderts erkannte: „Europa ist durch die Wallfahrt nach Compostela entstanden."

Die meisten heutigen Pilger beginnen ihre Reise in St.-Jean-Pied-de-Port, dem letzten französischen Städtchen vor der spanischen Grenze, von dem aus noch 774 Kilometer bis Santiago de Compostela zurückzulegen sind, oder in den baskischen Städten Puente la Reina oder Pamplona. Dank des Geflechts an Wegen und Zubringern in Europa kann man jedoch, gemäß der Tradition des Wallfahrens, den *Camino de Santiago* heutzutage in der Regel wie seit jeher üblich an der eigenen Haustür beginnen.

In insgesamt 69 Tagen bin ich, dieser Tradition folgend, mit Rucksack, Schlafsack und zwei Skistöcken von meiner Studienstadt Konstanz aus aufgebrochen, habe die Schweiz über Fribourg und Genève von Nordost nach Südwest durchquert, bin im französischen Wallfahrtsort Le Puy auf die *via podiensis* gelangt, um nach dem südfranzösischen St.-Jean-Pied-de-Port die Pyrenäen zu überqueren, woraufhin ich in Puente la Reina auf den *camino francés* gelangte, dem ich bis nach Santiago de Compostela folgte, um schließlich am ‚Ende der Welt', in Finis Terrae an der galizischen Westküste, anzukommen. Dabei legte ich insgesamt eine Wegstrecke von etwa 2.500 Kilometern vom Bodensee durch die Schweiz, Südfrankreich, das Baskenland und Nordspanien zurück (vgl. die Karten auf den Seiten 7, 27 und 75).

Wie bei vielen meiner Mitpilger haben die Erlebnisse und Begegnungen auf dem Jakobsweg mein Leben von Grund auf dauerhaft verändert. Die Ursachen dieser Veränderung greifbar zu machen, den Ereignissen ein Gesicht zu geben und die Stimmungen auf dem Jakobsweg zu veranschaulichen, sind Ziele dieses Buches. Da jeder Pilger seine eigenen Erfahrungen macht und da die Ereignisse unterwegs immer spontan und unberechenbar auftauchen, bleibt jedoch die beste Methode, die Jakobswege kennen zu lernen, sich selbst auf eine der zahlreichen Routen zu begeben.

Thomas Bauer (Hg.)
Zwischen den Orten

15 Autoren schreiben über
das Reisen. 210 S.,
Hardcover mit Schutz-
umschlag, 15 Illustrationen

ISBN: 3-932497-88-0
17,00 Euro

*„Jawohl, ein Reisender bin ich,
der, einmal angekommen, meist
nur eins will: schnell wieder weg.
Unterwegs sein. Nirgendwo
ankommen müssen."*
- Stefan Beuse -

Stefan Beuse trifft den neuen Wirtschaftsminister
Juli Zeh verliebt sich in Krakau
Dieter P. Meier-Lenz ärgert einen Zugschaffner
Bernhard Lassahn findet die Insel der Geheimnisse
Yoko Tawada stolpert in Sofia über die Vergangenheit
Gerd Berghofer trifft einen spanischen Flötenspieler
Reimer Eilers nimmt Kurs auf Sansibar
Roman Graf fliegt mit den Winden
Ulrike Rauh besucht einen Tiermarkt in Marokko
Norman Ohler wird in Johannesburg nicht ermordet
Thomas Bauer erlebt einen Vulkanausbruch in Ecuador
Ansgar Walk reist kreuz und quer durch die Arktis
Ewart Reder träumt von Frankreich
Alexander Gruber fährt durch Griechenland
Michael Krüger sucht das Weite in Gedichten

„Die Beatniks der Gegenwart: „Zwischen den Orten", das ist der Titel von Bauers Sammlung von Reisegeschichten, die sich zu einer Botschaft formen: Das Glück liegt auf der Straße. Es überrascht uns meistens, lange bevor wir an irgendeinem Ziel ankommen. Es liegt irgendwo, eben zwischen den Orten."
Augsburger Allgemeine Zeitung

„Thomas Bauer hat einige ganz unterschiedliche ‚Berichte' gesammelt, humoristische Anwandlungen von Bernhard Lassahn, Reiseerfahrungen von Yoko Tawada oder Gedichte von Michael Krüger. 15 Autoren schreiben so über das Reisen, über Spanien, Sansibar, Marokko und Johannesburg. Und da möchte man gleich mit weg."
Stuttgarter Zeitung

"Thomas Bauer hat eine Sammlung von Reisegeschichten herausgegeben – Geschichten mit viel Selbsterfahrung und nicht in jenem blumigen Stil vieler Reiseberichte, die oft an Werbung grenzen. In dem Buch berichten teils namhafte Autoren von Ihren Erlebnissen unterwegs: in der tropischen Hitze Ecuadors, im ewigen Eis der Arktis. Sie erzählen vom hektischen Leben in Großstädten und von der Einsamkeit auf hoher See." **Deutsche Welle**

„eine bemerkenswerte literarische Anthologie über das Reisen"
Nürnberger Nachrichten

„Der klassische Reisebericht begegnet dem sich auf Lesereise Befindlichen ebenso wie Kurzgeschichten und Gedichte, gar nahezu expressionistische Skizzen. Ein Buch für Reisende. Und Daheimgebliebene." **Süddeutsche Zeitung**

„Thomas Bauer, der Herausgeber, lässt seine Autoren im Vorwort ‚das Weite suchen'. Von unterwegs mitgebracht haben die 15 Autorinnen und Autoren Gedichte, Short Stories, Essays, Geschichten mit viel Selbsterfahrung, klassische Reiseberichte. Die ganze Palette, ein Kessel Buntes von der Reise, bei der jeder Leser und jede Leserin sich etwas Passendes herausfischen kann." **taz**

„Jetzt hat Thomas Bauer ein Buch herausgegeben mit Reportagen von 15 Autoren über das Reisen. Es sind keine Karl-May-Geschichten und keine Rosamunde-Pilcher-Romanzen. Sie zeigen die Welt nicht im Hochglanz der Veranstalterkataloge. Aber schillernd und bunt, wie das wirkliche Leben ist."
tz / Münchner Merkur

Thomas Bauer (Hg.)
Zwischen Estland und Malta

12 Autoren erkunden das
‚neue Europa'. 220 S.,
Hardcover mit Schutz-
umschlag, Feinleinen,
16 Farbfotos

ISBN: 3-937101-09-8
22,80 Euro

„Zwischen Estland und Malta
liegt ein Gebiet, das Europa
dauerhaft und unwiderruflich
verändern wird."
- Thomas Bauer -

Juli Zeh schickt Theo nach Lodsch
Jochen Kelter besucht den litauischen Staatspräsidenten
Tanja Dückers kauft Lakritz in Warschau
Stefan Sprenger durchbricht die Mauer nach Osten
Thomas Bauer reist von Nord nach Süd durch Osteuropa
Julia Schoch sucht Pelikane im rumänischen Donaudelta
Andreas Noga ist auf der Pirsch nach Regen
Christine Gradl streift auf Schatzsuche durch die Türkei
Jan Decker besucht eine rumänische Zigeunerhochzeit
Ewart Reder fährt an die polnische Ostseeküste
Alexander Gruber betrachtet ein Kriegsfoto aus dem Kosovo
Thomas Hürlimann ist Georg Trakl auf den Fersen

„Eine Anthologie reist von Estland nach Malta (...) Ein spannendes, interessantes Projekt (...) Lyrik und Prosa, traditionelle Erzählweise und experimentelle Gehversuche, Reisebeschreibungen und Kurzgeschichten wechseln einander ab."

Pester Lloyd (Die deutschsprachige Zeitung Ungarns)

„Hier wird man nicht mit einem vorgefertigten und vorgeblich objektiven Bild von Osteuropa abgespeist, sondern bekommt individuelle Eindrücke angeboten."

www.literature.de

„Wir werden auf eine Reise mitgenommen, und wie man auf einer Reise ab und zu verweilt, um die neuen Eindrücke zu vertiefen, so ist auch dieses Buch aufgebaut – eine Mischung aus Prosa und Lyrik, verschiedenen Stilen und Formen, aufgelockert durch Fotografien, jeder Beitrag eine Station auf der Fahrt durch bzw. die subjektiven Eindrücke der Autoren von Europa."

Asphaltspuren

„Ein schönes Hardcover-Buch ist daraus geworden – schön auch, weil atmosphärische Farbfotos integriert wurden. Eine bemerkenswerte literarische Idee, die Autoren als Botschafter auszusenden (...) Ein Buch, das Lust macht, den Autoren nachzureisen."

Kult, Ausgabe 20/04

„Ob als Reiselektüre oder als Elixier des Fernwehs, ein rund herum gelungenes Buch. Bedenkenlos empfehlenswert."

Alternative Art

"Die Themen für Thomas Bauers Gedichte sind aus dem Leben gegriffen – und beim Erleben hilft ihm seine Reiselust."

Cannstatter Rundschau

Weitere Informationen: **www.literaturnest.de**